金师起点·新管理书系

备战旺季

互联网+时代门店卖翻天的秘密

范祝平◎著

中国财富出版社

图书在版编目（CIP）数据

备战旺季：互联网+时代门店卖翻天的秘密 / 范祝平著．—北京：中国财富出版社，2017.1

（金师起点·新管理书系）

ISBN 978-7-5047-6162-0

Ⅰ.①备…　Ⅱ.①范…　Ⅲ.①商店—商业管理　Ⅳ.①F717

中国版本图书馆 CIP 数据核字（2016）第 242156 号

策划编辑　宋　宇　　责任编辑　王　波　李晓奇

责任印制　何崇杭　　责任校对　杨小静　　责任发行　敬　东

出版发行　中国财富出版社

社　　址　北京市丰台区南四环西路 188 号 5 区 20 楼　　邮政编码　100070

电　　话　010-52227588 转 2048/2028（发行部）　010-52227588 转 307（总编室）

010-68589540（读者服务部）　010-52227588 转 305（质检部）

网　　址　http://www.cfpress.com.cn

经　　销　新华书店

印　　刷　北京京都六环印刷厂

书　　号　ISBN 978-7-5047-6162-0/F·2665

开　　本　710mm×1000mm　1/16　　版　　次　2017 年 1 月第 1 版

印　　张　13.5　　印　　次　2017 年 1 月第 1 次印刷

字　　数　194 千字　　定　　价　32.00 元

序　言

互联网时代是一个好时代，也是一个危险的时代，这个时代正在经历前所未有的转型甚至颠覆。电子商务的发展对传统商业店铺的冲击非常巨大，昔日一些门庭若市的大商场也顾客锐减，有的实体店被迫倒闭，有的被迫同互联网结合起来，实行线上到线下的O2O经营模式。

2015年上半年，李宁集团为了追随互联网的脚步，持续推进销售渠道变革，在对店铺进行赢利评估的基础上，果断调整经营结构，关闭了1200家低效门店，这一关店比例高达15%。

同样，其他的国产体育服装品牌像匹克、安踏等，也出现了关店的浪潮。事实上，不仅是体育服装品牌的实体店面在大规模萎缩，所有行业的实体店铺都遇到了同样的问题。

截至2014年年底，真维斯在中国内地的门店减少了253家，艾格在半年内关闭了中国内地的88家门店……随着互联网技术的不断发展，线下体验、线上销售成了导致服装行业关店热潮的动因。

互联网正在以它无与伦比的便捷优势，改变着消费者的购买习惯，“今天你网购了吗”，将会更加深入人心。

互联网的便捷性，是任何渠道都无法比拟的，人们使用互联网搜索，不但能做到随时随地，更能实现线上交易不受时间、地点的限制。对于企业来说，通过互联网营销，其成本低廉，甚至只需要注册一个社交账号就能进行线上营销，大大节约了实体店面的费用和搭建网上商城的成本。

如果说网购、电子商务是厂商战略转型的必然选择，那么网购真正的“始作俑者”就是消费者。时代在不断发展，消费者的消费观念也发生了改变。从起初重视商品价格，到日益趋向于对服务、对品质生活的追求，无论是对商品质量的要求还是对个性化需求的满足，这些对传统企业而言都是一个巨大的考验。

而移动互联网技术的发展，也在改变着人们的消费习惯，在这个快节奏的社会，快捷、方便、碎片化时间是给我们这代人的标签，传统企业无法满足用户的这些要求，也只能付出线下实体店沦为大众“试衣间”的代价了。这就是互联网时代的店铺营销，线下体验、线上交易二者相结合。

移动互联网时代，O2O 模式是传统企业得以翻身的唯一机会，谁能越早抢占先机，占领用户移动端，谁便能在 O2O 大潮中立于不败之地。

线上线下结合的营销模式其效果究竟如何，国美和苏宁作为家电行业的两大巨头，给我们上了精彩的一课。

国美、苏宁作为传统大型卖场在货源和渠道方面比网上商城要丰富且成熟，产品从仓储到物流到销售端的周期相对网店要灵活且成熟，因此不用担心买到太旧的机型，而且在卖场可以慢慢感受真机给我们的感觉。

而在非促销旺季，卖场的报价普遍较高，这时候线上的国美在线、苏宁易购各种促销活动此起彼伏，消费者很容易找到自己喜欢而且物美价廉的商品。

当下，网上购物是未来的大势所趋，但不代表传统的实体店铺营销就没有机会了。相反，要充分发挥各自的优势，备战销售旺季。在“大众创业、万众创新”的时代背景下，开一家赚钱的实体店，也是创业者的机遇和挑战。

从营销学上来说，一般是淡季做推广，旺季做促销。旺季做促销是很有必要的，至少可以让生意看上去红火一点，人气旺了才可以吸引更多顾客。

如今，备战旺季的手段已深入人心，旺季营销已是众多店铺经常使用的营销策略。众所周知，在商品销售旺季，牢牢把握时机，采取有效的营销手段，可以获取更多利润。在经过了漫长的淡季后，终于迎来了令人心动的收获季节。但是，实际效果如何呢？

商品销售旺季里，各家店铺纷纷大显身手，各类促销手段、促销模式多如牛毛。有些促销手段非但不能引起消费者的购买欲望，甚至还会引起消费者的反感。一个很无奈的事实是，很多店铺的促销费用到位了，但结果却不尽如人意，往往是“促而不销”。为什么会出现这种尴尬的局面呢？在销售旺季，店铺应该如何制订促销策略，让销售业绩最大化呢？店铺如何在旺季促销中吸引顾客的注意？如何制造亮点，吸引更多的顾客光临？如何增加顾客光顾的频率？有太多的问题需要店铺经营者面对。

本书针对这些问题，提出了一系列宝贵的措施和建议。书中全面介绍了旺季来临时店铺需要做的各项准备工作，并从理论与实践角度进行了详细的分析与阐述，给出了简单实用的方法与技巧，更有贴心的“小贴士”，给您带来非常实用的帮助，让你牢牢把握市场和顾客，帮您“冲上业绩最高峰”。

范祝平

2016 年 11 月 24 日

目录

Contents

第一章 备战旺季

——互联网时代，冲上店铺业绩最高峰

2015 年，天猫“双十一”购物声势浩大，喜报连连，最终以一天成交 912 亿元的数额创造了销售奇迹。按照阿里巴巴 CEO（首席执行官）张勇的说法，2015 年 11 月 11 日，有坚果、牛奶、蜂蜜、汽车、手表、手机等八种产品的销量将申请吉尼斯世界纪录。

每逢节假日，必是零售店铺的销售旺季，这包括电子商务的网上店铺和实体店。

不管什么形式的零售终端，对旺季都非常重视，希望在旺季取得最大利润。但在竞争激烈的今天要做到这点并非易事，这就需要店铺做好充分准备迎接旺季，其中包括调查旺季的市场情况，了解消费者的消费需求，继而拟订备战旺季的计划，采取相应的营销策略。只有做好各方面工作，店铺才能在旺季中做到游刃有余。

第一节 互联网时代，旺季的基本概念

互联网时代，中国市场潜力巨大。阿里巴巴创始人马云说：“20 年前，我还是一名老师，第一次来美国就来到了西雅图。在市中心一栋写字楼

里，我人生第一次使用电脑，第一次上网，发现当时的互联网上几乎没有中国的信息。在感受到互联网巨大魅力的同时，也让我发现了市场机会所在。回国后，我借了2万元人民币开始创业，坚持到现在。”

1. 互联网思维改造企业，迎战销售旺季

2015年线上狂欢“双十一”临近，在酒类电商中，中国绵柔型白酒领军企业——洋河股份，顺应中秋后的旺季，也迎来了销售高潮。洋河股份的布局是走在行业前列的，除了在天猫、京东布局官方旗舰店，还自建平台，推出“洋河1号”移动客户端布局O2O（线上到线下）。

线上业务布局，不仅可以增加销售，还可以与消费者互动，并根据相关数据精准营销的平台。这就是洋河对于电商的理解，它已升级到互联网思维，实现线上线下业务互动，在未来，洋河的销售以及市场影响力将再一步提升。

洋河的线上线下模式，特别是大力开发互联网渠道，不但是大势所趋，还可以补充产品赢利。洋河股份认为，公司的互联网转型，绝不仅仅只是借助互联网卖酒，更是要将互联网思维渗透到企业运营管理、生产工艺、生产流程的重构上，力图通过积极探索互联网时代的先进商业模式，重新定义中国白酒行业。洋河的规划是，在短期内，用互联网思维把洋河打造成互联网化的公司。

利用旺季促销，不论是传统企业，还是互联网企业，都是增加销量的法宝，我们来看一下什么是旺季。

旺季，顾名思义就是指消费者对产品的需求较之平时大大增加的某一特定时期。造成销售旺季的因素有很多，如季节性因素，夏季是空调、冰箱等产品的销售旺季，冬季是羽绒服等保暖用品的销售旺季等；如突发性因素，流行性疾病发生时就是医药用品的销售旺季等。

对于店铺来说，包括网上店铺和实体店，一年之际在旺季，旺季往往代表着“卖方”市场，意味着销售量以及利润额的大幅提升。销售旺季，是店铺在一年当中挽回销售颓势而能够抓住的最后一根“救命稻草”，作为店铺，只有系统地思考旺季的走势及未来，及时采取旺季时的市场策略，才能在销售的黄金季节里游刃有余，有的放矢，从而取得销售量以及利润额的双丰收。

2. 互联网时代， 旺季取胜要注意的事项

制订网络营销方案，就是要借助互联网迅速有效地传播，提高企业知名度，提升企业品牌效应。在市场经济大环境下，越来越多的企业将发展伸向了网络，觉得只要产品能在网络上展示，就一定会被消费者认可和购买，我们不能否认网络的作用，但并不是所有的产品在网络上都是畅通无阻的，网络只是一个渠道，市场已经过了“渠道为王”的时代，如果要想打开市场局面，占据市场的前沿阵地，没有精心的策划、缜密的规划依然是行不通的。

企业在制订网络营销方案的过程中，必须注意产品质量。

有些营销人员总认为淡季打市场，旺季求销量。其实，在销售旺季，有时也是开发市场的最好时机。那些把市场开发任务重点放在销售淡季的做法是片面的。旺季取胜需要注意以下几点。

（1）注意市场的发展态势

旺季要想做得好，必须要注意把握市场的发展态势，因为市场虽然年年相似，但却又年年不同。因此，店铺须从市场需求、市场消费能力、消费周期及季节消费习惯的转变等方面进行探究，把握了市场的脉搏，这样才能在旺季获得丰厚的利润。

（2）注意竞品的市场动向

在销售旺季，虽然产品供不应求，虽然自己是领先品牌或进攻品牌，但时刻关注主要竞品的动态，了解其产品趋势、价格定位、政策动向、促销方式等，有助于知己知彼，便于及时调整市场策略，做到百战不殆。

（3）注意旺季的协调运营

旺季要想真正达到旺销，就必须要讲求店铺的系统运营，须知旺季销售是一项事关全局的全员营销。它需要产供销三方联动，需要物流部门的密切配合，任何一方的工作滞后或效率低下，都有可能使整个旺季“抓瞎”而成为缺憾。旺季的协调运营，是旺季大获全胜的根本保证。

（4）注意扰乱市场秩序者

窜货往往是跨区域的违规行为，而故意扰乱市场秩序的诸如低价倾销等行为，则一般都表现在区域内一些不安分的分销商身上，它们出于争夺客源或出于一己私利“挂羊头卖狗肉”等，往往采取低价倾销的方式。对此，店铺一定要提高警惕，严厉打击，扰乱市场秩序的行为一日不除，市场将一日不得安宁。严格制度与管束，将有利于店铺防患于未然。

（5）注意保持合理的库存量

在旺季，店铺最痛心、最可惜的往往不是因为产品不好、销售困难等，而是因为产品缺货、断货带来的经济损失，严重的甚至还会导致团队倒戈、市场份额丢失等。因此，一定要通过科学测算，及早做足库存量，包括包材、产成品等，只有产品充足了，才不会在旺季时望“市”兴叹，束手无策。

3. 旺季营销的重要作用

旺季对于店铺来讲，无疑是一个赢利的时间。但如何在激烈的竞争中赢利，营销策略就显得尤为重要。

营销是指个人或集体通过创造，提供出售，并自由地同别人交换产品和价值，以获得其所需所欲之物的一种社会过程。从这个概念可以看出，营销包含四个基本要素：营销是一种“创造性”行为；营销是一种自愿的“交换”行为（交换活动是营销活动的基础）；营销是一种满足人们某种需求的行为（人们的需求和欲望是我们进行营销工作的出发点）；同时营销也是一种参与“社会”的活动。

营销在店铺经营中有着很重要的作用。

（1）不同地区的人口具有不同的需求特征

营销者应把人口地域分布作为对消费者市场进行细分的重要依据之一。众所周知，不同地区的消费者由于所处的自然条件、生活方式和偏好不同，必然表现出不同的需求特征，所需求的产品及其层次、质量、种类等也不同。

（2）不同地区的市场条件不同，营销者的营销策略也应有所不同

市场条件指某一地区的市场经营条件的总和，包括消费者、竞争者、基础设施、收入水平、社会发展程度、政治法律环境等。不同地区的消费者数量、构成、购买力水平是不同的，因而市场容量、市场规模也不同。

（3）营销者在不同地区应采取不同的市场营销策略

市场营销组合包括价格、促销手段和分销系统等。由于受各种因素的影响，不同地区需要不同种类、不同型号的产品。不同地区处于不同的消费层次上，一般而言，经济发达地区消费层次较高，而贫困地区消费层次较低，两类地区需要的产品结构是不同的。就价格而言，有的地区更看重产品的价格，有的地区更看重产品或服务的质量。在广告媒体的选择上，不同地区的市场各有偏好，应在充分调查研究基础上做出自己的营销组合策略。

旺季是店铺销售的黄金时间，因此营销及其营销策略就显得更为重要。店铺只有采取了成功的营销策略，才会在旺季竞争中取胜。

第二节　互联网时代，旺季的市场状况

2013 年，余额宝如天降奇兵，互联网金融风生水起；2014 年，O2O

项目之花开遍中华大地，如火如荼；2015 年 9 月 9 日，随着滴滴打车变为滴滴出行，在出行领域意图独步天下，短短三年的时间，整个互联网经济经历了一个从兴起到混战，再到格局初定的过程。

然而，在这个过程中，锤子手机曾让粉丝“万众期待”，最终却难以复制小米神话；在这个过程中，很多红极一时的 APP（手机软件）如“魔漫相机”“脸萌”“足记”逐渐淡出人们视野。

互联网大潮风起云涌之时，所有的零售厂商，都想在这股大潮中分一杯羹，然而，反思移动互联网的成败，我们传统的零售线下实体店，是否也会走入新的误区？

1. 旺季营销中的误区

有人认为旺季营销工作的主题永远是“销售、销售、再销售”，然而销售人员一味地追求销量，往往会走入误区，导致潜在的危机。

（1）忽视市场开发

忽视市场开发，市场攻势减弱，市场可控资源愈加稀缺。一些难以满足旺季市场需求的店铺，如中小型店铺，往往会忽视市场开发，处于守势，缺乏攻势。竞争对手尤其是市场的新进入者却加大了对市场的开发力度。市场资源是有限的，竞争对手市场覆盖率和占有率的上升，就意味着自身市场资源的匮乏。

（2）忽视促销管理

忽视促销管理，销售提升就如昙花一现。店铺往往在旺季忽视对促销活动的管理，导致促销仅停留在单纯的销量提升上，忽视了促销对店铺商品形象的提升和信息的传播，品牌的影响力和忠诚度没有得到提升，促销停止后消费者的购买激情随之衰退。

（3）忽视市场秩序

忽视市场秩序，市场混乱因素不断滋生。旺季销量喜人，一俊遮百丑，销售人员容易忽视对市场的管理，低价倾销、越区销售、店铺又无法及时制止，最后往往出现自己打自己脸的现象，给竞争对手留下可乘之机。

（4）忽视收集竞争对手信息

忽视收集竞争对手信息，兵临城下却全然不知。对销量指标的过度关心往往会转移销售人员的注意力，在销售形势一片大好时，销售人员的骄傲心理膨胀，缺乏对竞争对手的必要关注，不了解竞争对手的市场战略和市场动向，竞争对手已兵临城下还全然不知，结果是临阵磨枪难解燃眉之急，在竞争对手的强势打压下乱了阵脚，市场土崩瓦解，一败涂地。

（5）忽视品牌传播

忽视品牌传播，品牌与消费者心理距离越来越远。旺季是品牌信息与消费者接触机会最多的时段，但是店铺往往一味地强调销量，忽视了品牌的高效传播，一旦竞争对手的品牌传播效应体现出来，或你的产品物理价值不能达到消费者的心理预期，消费者对你的品牌的忠诚度会快速下降，终端消费动力减弱，市场危机随之来临。

（6）忽视绩效考核

忽视绩效考核，缺乏必要的激励和约束。许多缺乏战略营销思想和规划的店铺，过分注重旺季销售指标的完成率，对营销人员的业绩考核单纯依靠销售指标，唯销量是举，没把市场开发、产品结构调整、售后服务、品牌传播等列入考核项目，或这些项目在考核中占的比重过低，营销人员缺乏关注这些项目的积极性，仅仅为了销售而销售，留下市场隐患。

（7）忽视过程监督

忽视过程监督，营销管理人员工作不到位。营销管理人员在旺季把过多的精力放在抓销量指标完成上，忽视对营销人员工作情况进行过程督察。过程监督不到位，营销人员往往避重就轻，短期意识严重，只抓能够直接产生销量的工作，而对市场调研、客户沟通、异议处理、品牌传播等做得不到位，影响市场健康和长远发展。

2. 旺季营销常犯的错误

销售旺季的大好形势，会让很多店铺以及营销员产生盲动行为，他们往往对市场过于乐观估计，结果却是往往判断失误，种下了西瓜，收获的却是芝麻。以下是销售旺季常犯的几个错误。

(1) 对市场太想当然

认为既然是销售旺季，应该有规律可循，殊不知，规律也有不可靠的时候。比如，一家店铺在2014年中秋节大量销售了礼品装的产品后，便在2015年继续大量推广和储备礼品装产品，结果，由于领军品牌缺乏对此方面产品的大力引导，导致该店铺的礼品装产品滞销，最后不得不降价销售，大量赚取利润的计划最终落空。缺乏对市场的深入分析以及不能准确预测市场趋势，是造成旺季对市场想当然的罪魁祸首。

(2) 对市场放任自流

很多店铺在销售旺季往往沉溺于一片“歌舞升平”中，对市场放任自流，疏于管理，缺乏对市场的过程监管和有效掌控，因此，往往会带来很多的市场“安全”隐患，等到窜货、低价倾销等大量出现，市场危机四伏，甚至四面起火时，才想起采取措施，但往往会于事无补，悔之晚矣。

(3) 对队伍疏于监管

由于是销售旺季，销售目标量较易达成，因此，很多店铺往往忽视了对营销人员的监控，店铺服务质量往往会有所下降。待到销售淡季时，才发现门庭已分外冷落。

3. 把握旺季的消费需求和流行趋势

在市场供大于求，竞争日趋惨烈的大背景下，店铺只有通过不断创新与更新体制，提高服务水平，尽量满足消费者的需求，才能够持续发展。在把握“消费者口味”这一块，店铺需要首先熟悉一个市场的消费形态、市场特征等。特别是在产品选择方面，不管新旧产品，店铺必须及时了解消费者和市场的反应，经常进行与产品有关的各种调查研究来为产品销售服务注入新的元素，这样既能契合消费者所需，又可作为产品选择的参考。

值得一提的是，这些方面一般都要常随时间、地点、对象或流行趋势的变化而不断更新，以洞悉当前市场动态，跟上时代消费潮流，快速占领市场。在此基础上，了解产品经销、工程、零售等不同领域的现状，探索顾客与时俱进的消费需求，乃至现代人生活形态、消费者对媒体接触习惯等也是店铺做好旺季市场需要考虑的问题。

当消费者在生活中有了消费需求而对所需产品一点也不了解时，任何信息都可能成为其决定购买的因素；而如果店铺掌握了消费者的相关需求信息，店铺就可以有针对性地将产品能给予的利益点传达给消费者。

一般情况下，对于消费者来说，鉴别店铺的信息是否真实，产品对自己是否有益，远没有店铺对消费者的需求了解充分。这也就是说，在商家与消费者相互了解方面，消费者处于弱势地位。这里涉及的是一个经济学问题——信息不对称。如果消费者所掌握的信息比店铺还要多时，那么他对产品的优劣判断将比店铺更清楚，此时店铺欲说服消费者购买产品显然是比较难的。但事实上，消费者所掌握的有限信息在购买产品时是很微弱的，店铺传达给消费者的信息往往占主导地位。所以在旺季到来之前，把握消费者的消费需求是相当重要的。

随着人们生活水平的提高，消费者的消费需求已经发生了巨大的变化。店铺的盲目跟风使得市场竞争一直停留在低层次的价格竞争和概念炒作上，对消费者需求变化认识不足，对市场动向把握不清，缺乏满足消费者切实需求和符合市场潮流的产品创新。

事实上，消费者在购买产品时除了考虑产品的基本功能之外，时尚、情怀等附加功能已经成为消费者购买的重要因素。尤其是消费行为最为旺盛的中青年群体，以内衣为例，他们对内衣的需求已经逐渐远离“保暖”

这一基本诉求，而更多的是在于内衣设计的时尚感、穿着的便利感、舒适感以及健康等方面的需求，这些都是内衣时尚的基本要求。在追求时尚生活的今天，作为服饰的重要组成部分，内衣与外衣一样，其时尚功能将不断被放大，成为内衣行业发展的关键因素。如果店铺意识不到这一点，就很难在旺季中获得利润。

第三节　与电商竞争，传统店铺如何备战旺季

创业很热，但创业并非一帆风顺。2015 互联网创业白皮书显示，2014 年已有 135 家互联网创业公司关闭，占比达 3%，远远超过新公司的增加速度。我们看到，在激烈的市场竞争条件下，公司存活下去的难度加大。

改革开放以来，我国有三次创业热潮。第一次是在 20 世纪 80 年代中期的“下海潮”，私营企业的合法化，给了很多人走出体制的机会；第二次发生在 1992 年前后的“白猫黑猫”力量，让很多有胆识的人放手一搏；第三次是世纪之交的互联网热潮，互联网正在改变着人们的生活。

当下，“大众创业”“万众创新”一起被写入政府工作报告，升级成为中国经济增长“双引擎”之一，扶持政策不断出台。在这样的背景下，竞争必然更加激烈。以传统零售企业为创业立足点的实体店铺，正面临着前所未有的挑战。

这就需要店铺在旺季来临之际，抓住旺季的机会，使销量达到最大化，店铺必须做好旺季前的营销准备工作，通常包括以下几点。

1. 旺季前的思想准备

有这样一个故事：

一个年轻人请“高人”指点怎样在海边拣到金子。“高人”告诉他，海边的鹅卵石是凉的，只有金子是热的。年轻人历经艰辛来到海

边拣金子，每次拣到冰凉的鹅卵石就随手扔到海里。

时间一天一天地过去了，年轻人已经习惯了捡到东西就扔到海里，慢慢对“热”和“凉”失去了感觉。当有一天，他真的捡到了热的金子，还是习惯性地扔到了海里。当他知道自己扔的是金子时，为时已晚。

对于店铺的销售人员来说，淡季是冰凉的，旺季则是热乎乎的，许多销售人员在淡季中已意志消沉，“灵性”不在。如果旺季到了销售人员还没走出淡季的阴影，也会随手把旺季这块“金子”扔进海里。所以，从思想上做好旺季前的准备，让所有销售人员和客户在旺季前处于“临战”状态，才能使旺季营销工作落到实处，收到实效。

2. 旺季前的工作总结与检讨

（1）旺季前应做好总结

没有总结就没有提升和进步。旺季前应主要做好以下总结：

①销售指标（销售量、销售额、回款率、利税总额、利润率），达成率分析。

②市场投入利用率和成本效益率（广告、促销、商品成本率；营销成本率）。

③产品利润和消费者满意度（消费者对产品之价格、品质、文化的满意度）。

④营销计划可行性和执行效果评价（营销计划的周密度、可执行性和效果分析）。

⑤营销制度及业绩考核体系的健全与完善程度（市场开发、顾客管理、营销人员业绩考核等制度的评价）。

⑥营销团队建设及团队成员素质和执行力（营销人员对团队的认同程

度、管理层的团队领导能力、营销人员的整体素质、营销执行力）。

⑦竞争对手营销得失和营销动向（主要竞争对手年度营销策略及执行效果情况、主要竞争对手下一步的营销策略预测）。

（2）旺季前要做好工作检讨

旺季前的工作检讨可从以下几点入手：

①找出上一旺季中没有完成的工作有哪些。

②找到上一旺季中没有挖出的增量或潜力。

③找出上一旺季中工作的不足。

④分析上一旺季工作中的难点。

⑤找到本次旺季前没有解决的问题或没有推进的工作。

⑥列出哪些工作目标需要在本次旺季中达成。

3. 旺季前的消费研究

营销成功的关键是把准消费者的“脉搏”。现代消费意识具有明显的复杂性、多变性，消费观念最显著的特征是流行性和时尚性，服装、日用品、休闲食品消费最为明显。

所以，研究消费的变化态势和消费趋势，是能否抓住旺季的关键。

①针对消费者需求，对本次旺季之前的老产品或主导产品的销量走势做专项分析。

②观察同行业或相关行业的消费新变化。

③关注主流传媒宣传导向。

④对主要消费群做抽样调查、问卷调查。

4. 旺季前的新产品准备

旺季是消费者消费量大、购买频率高的集中消费期，消费行为具有明显的攀比性、随意性和试探性，这些消费特征都有利于新产品的推广成功。旺季是新老产品交替和产品滚动发展的最佳时期，营销人员必须在旺季前完成对新产品的推广，让新产品在旺季中迅速成长并逐步成熟。对老产品的产品形式、价格透明度、产品竞争力等要素进行分析，在旺季前做好改造工作。

销售人员应对消费趋势进行研究，在旺季前推出符合下一周期消费需求的新产品。研究竞争对手的产品走向，以保证自身的产品在本次旺季中有较强的竞争力。从行业角度研究产品的发展趋势，以保证自身战略性产品的推进。

5. 旺季前的市场规划

（1）对现有市场进行分析、总结并写出发展规划

重点从市场结构的角度去分析：成熟市场本次旺季如何巩固；成长市场本次旺季如何突破；薄弱市场本次旺季如何提升。把分析结果归类整理之后，列出明确的市场发展计划和营销规划。

（2）市场整合

对产品、顾客、运作方法、促销策略等要素进行分析，找到与本次旺季市场发展目标不匹配的因素，然后进行调整，以达到市场营销要素与市场发展目标相匹配。

（3）新市场开发

应当在旺季之前完成新市场调研、新顾客“磨合”和第一轮铺货，为旺季做销量打好基础。

6. 做好培训

从某种意义上说，旺季竞争也是时间和速度的较量，绝不是单一的机会竞争，“以弱胜强、以小胜大”的营销案例比比皆是。所以，店铺必须对销售人员强化行动能力训练，以保证旺季打胜仗。

（1）心态与励志培训

营销从接受挑战开始，通过成功学方面的培训使营销人员尤其是新入职人员树立正确的心态、培养坚强的意志和超强的自信是营销成功的前提。

（2）店铺文化培训

通过店铺文化的培训使营销人员发自内心地认同、接受并融入店铺的文化，增强员工的责任感、荣誉感和归属感，从而充分调动员工的工作积极性和创造性。

（3）营销理论培训

理论是实践的指导，营销对于店铺的旺季销售同样很重要。

第二章　旺季销售

——线下体验，百分之百成交必杀技

在互联网营销时代，对于纯网络起家的 B2C 企业而言，如果只有网上一条腿走路，不仅不稳定、也很不安全。而传统企业走上互联网络，如果有传统渠道的帮助，比仅仅在网上做销售更有优势。

销售的关键是建立顾客的信赖感。任何形式的销售，无论是线上的还是线下的，都需要顾客的信赖感。作为电子商务的核心——网络营销要解决的首要问题同样是消费者的信任问题。信任问题不解决，什么都做不下去。

纯网络起家的 B2C（商对客电子商务模式）企业也开始从线上向线下延伸，除了线上线下可以相互借势之外，另一个主要的价值在于线下模式可以突破网络销售最大的瓶颈——消费者信任。这才是真正意义上的“鼠标 + 水泥”模式。

顾客的信任来源于亲身的感受，这是线下店铺无可比拟的优势所在。有了实体终端的支持，使得网络销售的 B2C 企业，才更容易获得消费者的信任。事实上，很多 B2C 企业也认识到了这一点，并进行了卓有成效的实践。

市场风云变幻，行业日新月异，店铺鳞次栉比，竞争日益激烈……

商场犹如战场，如何运筹帷幄，立于不败之地？没有包治百病的良药，没有放之四海而皆准的真理，没有一成不变的真经，没有让你一夜暴富的口诀。但是，会有一些点石成金的指导，洞若观火的见解，让你抓住开店成功的重点——顾客。

第一节 互联网时代，解读顾客心理

在国家“大众创业、万众创新”政策指引下，“互联网思维”“互联网转型”“互联网创业”“互联网 +”持续成为全社会关注的焦点。以新媒体营销、社群营销、O2O 等为代表的全新营销模式也在一次次刷新人们对市场的认识。

“兴风作浪”的大象安全套、“为发烧而生”的小米、借势营销实现品牌认知度生长的杜蕾斯，都恰如其分地把握了人群的标签化属性，并针对特有标签化人群实施品牌营销。他们的成功之道，在于摸透顾客的心理。这在传统的企业看来，貌似是放弃更大的市场空间的做法。但实际上，品牌粉丝效应所产生的口碑效果，恰恰是企业竞争力的重要表现。

不管是线上还是线下，做好营销最重要的一点就是要解读顾客心理，才能永立互联网潮头。

商场如同战场。知己知彼，方能百战百胜。了解顾客的需求，提供他们需要的商品，才是提高成交量和营业额的不二法门。因此，作为店铺经营者和管理者，必须对顾客心理有足够的了解。通过透析顾客心理，更好地掌握顾客需求，进而吸引和拓展顾客。

1. 顾客的普遍心理

顾客的心理是指顾客在成交过程中发生的一系列极其复杂、微妙的心理活动，包括顾客对商品成交的数量、价格、付款方式等问题的想法。一般而言，顾客具有以下 11 种普遍心理。

（1）求实心理

这是顾客特别是我国消费者普遍存在的心理动机。他们购买物品时，首先要求商品必须具备实际的使用价值，讲究实用。

（2）求新心理

这是追求商品超时和新颖为主要目的的心理动机，他们购买物品重视“时髦”和“奇特”，好赶“潮流”。在经济条件较好的城市男女中较为多见，在西方国家的一些顾客身上也常见。

例如，来我国旅游的一对瑞士夫妇，穿着奇特，与众不同，当推销员向他们介绍古装戏戏服时，他们非常高兴，当即购买了两套，并说明要回国后举行生日宴会时穿出来，让所有的宾客感到惊奇。

（3）求美心理

爱美是人的一种本能和普遍要求，追求商品的欣赏价值和艺术价值，在青年人和文艺界人士中较为多见，在经济发达国家的顾客中较为普遍。他们在选择商品时，特别注重商品本身的造型、色彩，注重商品对人体的美化作用，对环境的装饰作用，以便达到艺术欣赏和精神享受的目的。

（4）求名心理

这是以一种显示自己的地位和威望为主要目的的购买心理。他们讲名牌，用名牌，以此来“炫耀自己”。具有这种心理的人，普遍存在于社会各阶层，尤其是现代社会中，由于名牌效应的影响，吃穿住使用名牌，不仅提高了生活质量，更是一个社会地位的体现。

因此，这也是为什么越来越多的“追牌族”涌现的原因。

（5）求利心理

这是一种“少花钱多办事”的心理动机。其核心是“廉价”。有求利心理的顾客，在选购商品时，往往要对同类商品之间的价格差异进行仔细的比较，还喜欢选购折价或处理商品。当推销员向他们介绍一些稍有残损而减价出售的商品时，他们一般都比较感兴趣，只要价格有利，经济实惠，必先购为快。

具有这种心理动机的人，以经济收入较低者为多。当然，也有经济收入较高而节约成习惯的人，精打细算，尽量少花钱。有些希望从购买商品中得到较多的利益的顾客，对商品的花色、质量很满意，爱不释手，但由于价格较贵，一时下不了购买的决心，便讨价还价。有的为了一元钱或几角钱，必要争论不休，致使想买的东西买不成。

（6）偏好心理

这是一种以满足个人特殊爱好和情趣为目的的购买心理。有偏好心理动机的人，喜欢购买某一类型的商品。例如，有的人爱养花，有的人爱集邮，有的人爱摄影，有的人爱字画，等等。这种偏好性往往同某种专业、知识、生活情趣等有关。因而偏好性购买心理动机也往往比较理智，指向也较稳定，具有经常性和持续性的特点。

（7）自尊心理

有这种心理的顾客，在购物时，既追求商品的使用价值，又追求精神方面的高雅。他们在购买行动之前，就希望其购买行为受到销售人员的欢迎和热情友好的接待。经常有这样的情况，有的顾客满怀希望地进商店，一见销售人员的脸冷若冰霜，就转身而去，到别的商店去了，甚至再也不愿光顾那家“冷若冰霜”的商店。

（8）仿效心理

这是一种从众式的购买心理动机，其核心是不甘落后或胜过他人，他们对社会风气和周围环境非常敏感，总想跟着潮流走。有这种心理的顾客，购买某种商品，往往不是由于急切的需要，而是为了赶上他人，超过他人，借以求得心理上的满足。

（9）隐秘性心理

有这种心理的人，购物时不愿为他人所知，常常采取“秘密行动”。他们一旦选中某件商品，而周围无旁人观看时，便迅速成交。女性购买卫生用品，男性为异性朋友购买女性用品，常有这种情况。国外一些政府官员或大富商购买高档商品时，也有类似情况。

（10）疑虑心理

这是一种思前顾后的购物心理动机，其核心是怕“上当”“吃亏”。他们在购买物品的过程中，对商品质量、性能、功效持怀疑态度，怕不好使用，怕上当受骗，满脑子疑虑。因此反复向销售人员询问，仔细地检查商品，并非常关心售后服务工作，直到心中的疑虑解除后，才肯掏钱购买。

（11）安全心理

有这种心理的人，他们对欲购的物品，要求在使用过程中和使用以后，必须保障安全，尤其像食品、药品、洗涤用品、卫生用品、电器用品和交通工具等，不能出任何问题。因此，非常重视食品的保鲜期，药品的无副作用，洗涤用品有无化学反应，电器用具安全现象等。在销售人员解说后，才能放心地购买。

由以上看来，销售人员对顾客的购物心理，必须细心观察，认真分析，并针对其特点，恰当对待，促使销售工作顺利进行。

2. 不同年龄顾客的心理差异

上面谈到的是顾客的普遍心理。但在这个庞大的群体中，心理差异也同样明显。我们需要把顾客分为各种类型，有针对性地接待，这样才能收到良好的效果。

最常见的是按年龄划分顾客群体，如表2－1所示。

表 2-1 不同年龄段顾客的消费心理及接待方法

年龄段	消费心理	接待方法
少年儿童（5~15）岁	特别好奇，凡是新奇有趣的东西都能对他们产生强烈的诱惑力；稳定性差，情感性强，对一种事物产生兴趣快、失去兴趣也快；极强的模仿性，同伴有的自己也想要	着重介绍商品的外形、款式、颜色、品牌；注意调动他们的积极性；不需要过多考虑商品的内在质量、价格、是否会很快过时等问题
青年（15~29）岁	追求时尚与新颖，追求个性，善于表现自我，注重感情，容易冲动	介绍商品时不要反复介绍商品知识，要注意接待速度，宣传商品时注意激发购买情感
中年（29~45）岁	讲究计划性、具有理智性、注重实用性，随俗求稳	不要急于介绍商品，先注意观察判断，介绍商品时侧重商品性能和特点，突出商品内在品质及实用性、便利性，推介中注意培养感情，发展“回头客”
老年（45 岁之后）	购买具有习惯性，要求商品舒适实用，价格优惠，希望享受良好的接待服务	主动为老人拿、递商品，不要急于收回商品，耐心说明商品的用法、用途，介绍商品时应当适当放慢语速，提高音量

另外，根据调查，在青少年群体中，女生 46.7% 的人选择百货商店，26.7% 的人选择专卖店，20% 的人选择一般小店，6.7% 的人选择特色店。男生 48.1% 的人选择专卖店，37% 的人选择百货商店，25.9% 的人选择特色店，只有 7.4% 的人选择一般小店。

总之，这个消费群体不是非常理性，其购物需要是：舒适、时尚。

3. 分析判断顾客的购买心理

不管男女老少，我们可以根据顾客的行为，迅速把顾客分为不同的类型。作为导购员，需要了解各种类型顾客的特点，然后有针对性地应对，如下列常见的顾客类型有：

“慎重型”，总是拿不定主意的顾客；“反感型”，总是对导购抱不信任态度的顾客；“挑剔型”，对于介绍的商品“这个也不行那个也不是”的顾客；“傲慢型”，经常在你跟前摆来摆去的顾客；“谦逊型”，诚恳且有礼貌地听人介绍的顾客。

针对这些迥然不同的顾客类别，当然要分别制定对策。但是，首先需要做到的是对顾客的购买心理进行综合研究，这样才能做出准确的判断。

那么，该怎样判断顾客的购买心理呢？处处留心皆学问，你需要注意以下几个步骤：

（1）注视：当顾客注意观看某种商品或伫立观看某广告牌的时候，导购应注意观察顾客在留意什么商品，以此来判断顾客想购买什么。

（2）兴趣：当顾客走近某种商品同时又用手抚摸某类商品时，反映顾客对某种商品产生购买兴趣。这时要向顾客打招呼。并且说：“请随便看看……”之类的话，随后要注意观察顾客的购买意图。

（3）联想：要使顾客联想到购买了某种商品后使用时的方便和愉快的心情等，售货员应主动介绍使用某种商品如何给人带来方便，以及使用这个商品时带来的愉快心情等。

（4）欲望：进一步促进顾客购买的欲望。导购可以举出某顾客买了某种商品后的实例，以促进顾客购买的欲望。

（5）比较：在顾客挑选商品时，导购应该主动介绍某种商品以及其同类产品的质量和性能，等等，以便于顾客比较。

（6）决定：最后，顾客通过比较，决定购买某一种商品。

通过以上对顾客不同购买心理的综合研究，导购就可以采取各种不同的介绍商品的方法，促使顾客决定购买某种商品。

第二节 互联网时代，针对不同顾客制订不同销售计划

当下营销界正面临着一场颠覆性的变革，互联网世界风起云涌，互联网营销风生水起，新兴互联网络大有盖过传统媒体之势。

传统店铺在营销上，必须认识到互联网的冲击，针对不同类型的顾客，制订不同的销售计划。在如今瞬息万变的商界中，老一套营销技巧在网络时代早已力不从心，墨守成规很快就会被客户甩在后面。

凡事都要有针对性。一名成功的导购员，要研究和体察顾客的购买心理，针对不同类型的顾客，采取不同的接待顾客方法。

1. 不同类型顾客的接待

在表 2－2 中，大致把顾客分为七种类型，并根据各自的特点给出了对策。

表 2－2　不同类型顾客的特点及应对方法

顾客类型	特 点	对 策
爱好辩论者	对导购的介绍，尽管你介绍的都是真实情况，他也认为是说谎骗人，这类顾客属于对导购介绍商品抱不信任态度的顾客；不相信导购的话，总想要从售货员的话中寻找差错；谨慎、缓慢做出决定	对于这类顾客，不应抱着反感，更不能带气来对待顾客。要使顾客确信商品是好的，介绍有关知识，交谈时最好用“对，但是……”这样的话
“身上长刺”的顾客	明显的心情不好或者脾气不好；稍微遇到点惹人烦恼的事情就发怒；其行动好像是预先准备的	避免争论，坚持基本事实，根据顾客的需要出示各种好的花色样式
注意了解实际情况的顾客	对有实际根据的信息很感兴趣，愿意了解更多信息；对导购介绍中的差错很警觉；注重察看现在使用的商标	要强调商标，加工、制造厂商的真实情况，自动提供详细信息

续　表

顾客类型	特　点	对　策
犹豫不决的顾客	不自在，敏感；容易“头脑过热”，在非正常价格下购买商品；对自己的判断没有把握	对顾客友好，尊重他们，使他们心里感到舒服
易于冲动的顾客	会很快地做出决定和选购；急躁，没有耐性；易于突然停止购买	迅速接近顾客，避免过多的销售，避免讲话过多，注意关键的地方
优柔寡断的顾客	自己能做出决定的能力很小；顾虑重重，恐怕考虑不周出现差错；要导购帮助做出决定，要求有参谋，要求导购帮他做出的决定是对的	将顾客表示的疑虑搁在一边，实事求是地介绍有关商品的长处和价值
四周环顾的顾客	到处仔细察看，看有什么新产品；不要销售人员说废话；可能大量购买	注意“购买”迹象，有礼貌地、热情地服务

2. 不同意图顾客的接待

顾客的意图不同，接待方法当然不同（见表2－3）。随便逛逛的顾客和直奔目的而去的顾客，当然不能同等对待。导购需要做的是观察、分析、判断，做出相应的回应。

表2－3　　　　不同意图顾客的接待方法

不同意图的顾客	行为表现	接待方法
希望很快买到商品的顾客	指名要购买某种商品。这类顾客是为了买某种商品有目的而来的	导购应迅速地接待他们，拿出顾客需要的商品，并应尽快地引导顾客买单，把商品包装好送给顾客

续 表

不同意图的顾客	行为表现	接待方法
观望的顾客	顾客对这个商店抱怀疑态度，不知这个商店究竟如何，他一边观看橱窗一边犹犹豫豫地走进货场	对于这类顾客，导购不必急于打招呼，等待适当时机再说，同时应观察顾客动向，准备好随时接待
无意购买的顾客	进店没有购买的意思，看看有什么合适的再说。这类顾客看到中意的商品后眼神就变了	等到顾客看中某样商品时要主动打招呼，马上进行接待
连带购买的顾客	顾客急于想连带购买其他商品	导购应注视着顾客或跟随顾客以促其连带购买
希望和导购商量后购买的顾客	顾客进商店后各处看，好像要找人打听什么似的	导购要主动打招呼，并询问他们需要什么帮助
想自己挑选的顾客	这类顾客愿意自己专心一意地挑选商品，不愿让别人招呼自己挑选商品	对于这样的顾客，导购微笑注视着顾客就行了
下不了决心的顾客	这类顾客踌躇不决，下不了购买的决心。他们感到买也可以，但心里又想也许以会赶上更好一些的商品	对待这样的顾客，导购应该积极地从旁建议，推荐商品

3. 成群结伴顾客的接待

有些顾客是一个人去购物，这样的顾客一般意图很明显，也容易做出决定（见表2－4）。但是更多的情况是，顾客结伴上街购物，这时顾客的决策就会受到同伴的很大影响。并且因为同伴的不同，其影响力也有很多差异。

表 2-4　　复数顾客的大致类型、特点及对策

顾客类型	特点分析	对　策
跟来的顾客	只是陪同作用，本人并无购买商品的愿望，但是如果亲切地接待他，他也可能会买点什么，或者成为下次购买的顾客	“您看这个怎么样呢……”导购可以面向跟着来的顾客这样征求意见
中年的伴侣顾客	主要是男主顾的发言对购买商品作用较大	“您的意见怎样呢……”导购可以较多地面向男顾客征求意见
年轻的伴侣顾客	往往是女性顾客的发言作用较大	导购应拿着商品较多地面向女顾客，请其挑选商品为好
带孩子的顾客	要照顾到小孩子，不要让他影响到大人的购物	可以面向那个小顾客征求意见说：“小朋友，你看哪个好啊?”
两个以上的女顾客	一群女孩子一起逛街，一般总要征求众多女伴的意见，很难决定买哪样东西	这时候，一定不要小瞧陪同人员的影响力，要注意说服其女伴，而不仅仅是关注购买者

总之，销售行为是互动性的。导购会思考如何将商品卖给顾客，顾客也会以理性的决策与感性的心理来决定是否购买商品，于是就形成了导购与顾客间交互性的行销行为。因此，站在商店的立场而言，就必须了解顾客的购买心理、购买模式，并且根据顾客的行为模式，发展出具有个人特色的待客技巧。

第三节　了解顾客的购物习惯并满足其自豪感

作为传统店铺经营者，预知顾客的购物习惯，并提供他们想要的商品和购物环境，哪里还用得着发愁生意不好？不要期望顾客改变他们的购物

习惯来适应你。只能是你去了解他们，迎合他们。

1. 迎合顾客的购物习惯

（1）了解顾客的爱好

导购可以通过顾客进店之后的行为来了解他们的爱好。导购应该观察到顾客对哪些商品感兴趣。一般来说，下列行为中的商品就是顾客有可能要购买的。

顾客走进商店后，最先拿到的商品；指着在玻璃柜里放着的商品；顾客经过种种选择，拿过去放在一边的商品；顾客多次注视和抚摸的商品；多次向售货员询问的商品。

所以，当顾客进店后，如果有下列行为之一，导购就应该主动接待了：

①当顾客注视某一种商品或注视某商品的标价签的时候。

②当顾客较长时间在手里拿着某种商品的时候。

③当顾客的视线离开商品，向售货员的方向看的时候；当顾客对各种商品进行比较考虑的时候。

④当顾客拿出剪下的商品广告或拿出笔记本对照看着商品的时候。

（2）推荐商品的方法

向顾客推荐商品的时候，大体要掌握以下几种要领：

①要拿好商品，尽量把商品交到顾客手里，便于顾客观看挑选。

②食品一类的东西，能够品尝的，应尽量让顾客尝一尝。

③像鞋和服装一类能够试穿的商品，应尽量让顾客试穿一下。

④能够动的商品（如儿童电动玩具等），应让顾客看到动态。

⑤要选出某种商品本身的一两个特点向顾客推荐介绍。

⑥一边向顾客拿递商品，一边向顾客介绍商品的用途、性能等。

按照上述要领向顾客主动地推荐、介绍商品，就能够促进顾客购买。

但是如果遇到即使经过推荐，顾客仍无意购买时，售货员也绝对不应该表现出失望或不耐烦的样子。

（3）推荐商品的顺序

根据顾客的购物习惯，导购需要有次序地介绍商品，这样才能引起顾客的兴趣。

首先要介绍商品是什么：有的导购一看到顾客在看某种商品，马上就跑上去介绍说“这个商品好”之类的话。其实这样并无必要，正确的做法应该是在介绍这个商品好处前，要把这个商品是什么说明白。

其次介绍商品的特点和用途：介绍这种商品和其他商品不同的地方；介绍该商品所具有的特征；还要介绍该商品的使用方法和最适宜的用途。介绍商品用途，也是售出商品的要点。要让顾客感觉到他需要这样商品。

介绍为什么具有这些特点：导购虽然向顾客介绍了商品的特征、用途、适合在哪些方面使用，等等，但有的顾客仍不理解，又提出为什么之类的问题。这时，导购必须耐心地用实际例子来证明。譬如说“好多顾客都愿意买这个产品”，或介绍有很多顾客买了这种商品。

推荐其他商品：售货员介绍商品、说明商品的特征和用途后，要进一步说明“这类商品是按照大多数顾客的需要购进的”，同时还可以向顾客推荐其他商品：“请您顺便看看这个。”当然，为了使推荐的商品能够符合顾客的愿望，以促使顾客购买，导购必须注意琢磨顾客还可能需要什么，以便有的放矢地介绍商品。

2. 满足顾客的自豪感

掌握了顾客的购物习惯，合理定位自己的服务，让顾客觉得在满足了商品的需求之外，也满足了心理上的需求。服务不一定是紧跟着顾客追问“您需要什么”。只有满足了顾客的心理需求，让顾客感觉这次的购物很有成就感，才能长久地留住顾客。

很多商店采取心理定价中的尾数定价法，就是为了让顾客觉得自己买的商品很便宜，物美价廉或者是物超所值，让他们有成就感、满足感、自豪感。

（1）定价

具体的做法表现在以下两个方面：

第一，产品最后的售价不取整数，而是留有尾数。如沙琪玛 11.80 元/包，娃哈哈绿茶 2.85 元/瓶。一般来说，顾客喜欢尾数价格，而不喜欢整数价格。这是利用消费者数字认知的某种心理，尽可能在价格数字上不进位，而保留零头，使消费者产生价格低廉和卖主经过认真的成本核算才定价的感觉，从而使消费者对企业产品及其定价产生信任感，因而容易接受。

第二，就是价格接近某一整数时，定价避开了整数，尽可能用9、8 等数字标出一个比某一个整数稍差一层次的价格，让消费者有一种便宜的感觉。如空调定价为 2199 元，听起来比 2200 元少。另外，很多商店的价格还有一个特点，就是多采用如“9”“8”“6”数字，因为顾客往往认为这些数字是吉利的。

顾客都希望买到物超所值的产品，即使有时候那样商品并非他目前所需要的。因为这样可以让他们产生满足感，以比平时低廉得多的价格买到了某样东西所产生的自豪感，会促使他再次光顾你的商店。

因此，许多零售商利用大部分顾客求廉的心理，特意将某几种商品的价格定得较低以吸引顾客。某些商店会随机推出降价商品，每天、每时都有一至两种商品降价出售，吸引顾客经常来采购廉价商品。在采购这些廉价商品的同时，也选购了其他正常价格的商品。

（2）服务

许多人以为和顾客讨价还价是一种好的服务方式，事实上这样的经营态度反而会使顾客认为原本的价钱定得太高了。除了商品的价格和质量之外，顾客最在意的是服务，在意自己作为一个消费者是怎样被接待的。

我们可以发现，在有些店里，老顾客上门时，服务人员笑容满面地和顾客闲话家常，却把初次上门的顾客冷落在一旁，甚至连“欢迎”都懒得说一声。有不少顾客到了这种商店以后，会因受冷落不再到这家店来。

还有一种情形，当顾客随手拿起商品来欣赏时，店员便凑上来问道“要买什么”，这种服务态度给人的感觉相当生硬，正确的方式应该是让顾客轻松地在店内浏览，给他们选择的机会和考虑的时间，而不要一直跟在旁边，让顾客有被“盯梢”的感觉。

假如你能正确地把握分寸，检查自己的服务态度，一定能博得顾客的好感。第一次到店里光顾的顾客，如果能受到得体而亲切的服务，即使别处的商品卖得较便宜，或者交通条件较为方便，他们也不会到别的商店购买，而成为这里的常客。因为你让他感受到了一种受尊重的感觉，让他们的自豪感油然而生。

第四节　提高顾客满意度的技巧

店铺经营的成功与否，取决于是否占有一定的市场，而市场的背后是顾客。不要把“顾客是上帝”当作一句空洞的口号。顾客随时随地都在用他们的脚投票，哪家商店的产品和服务让他们满意，他们就会买哪家的。顾客是否满意是决定事业成败的关键，如何使顾客满意是每一个商店经营者都应该考虑的问题。

由于销售工作的目标是顾客的两次消费，所以服务的流程是“购买前”到“购买中”再到“购买后”的不断循环，不论是在购买的哪一个阶段，服务皆有其不可缺少的价值性，而且具有互相的影响性。换言之，导购人员在给顾客提供服务之前，必须强烈体会到服务的价值是共生互利的，提供最适当的服务内容，给予顾客最满意的服务。

1. 何谓 “顾客满意”

事实上，“满意”一点都不简单。根据顾客需要得到满足时的情绪反应，可以将顾客满意分为如下几类：

（1）满足，指产品可以接受或容忍。

（2）愉快，指产品带给人积极、快乐的体验。

（3）解脱，指产品解除了人们的消极状态。

（4）新奇，指产品带给人新鲜和兴奋的感觉。

（5）惊喜，指产品令人出乎意料的高兴。

因此，虽然都是满意的顾客，其满意的水平可能是大相径庭。

迪士尼乐园曾经发生过这样一件小事。一名员工在乐园主道上扫地，一位游客上前询问哪里有冰水。这名清洁工没有办法丢下手边的清洁机器，于是，指引游客到对面的饮水机。

游客刚一转身，这名清洁工看到饮水机旁边正好站了一名服务员，于是用无线电对讲机通知对方。等到那名游客走到对面时，服务员已经端着一个纸杯迎上来说：“您想要杯冰水是吗?”游客惊讶得说不出话来。正是这种让人惊讶的服务，使得游客重返乐园的比例极高。

你的店铺情况怎样呢？让顾客满意吗？或者说是让顾客达到了何种程度的满意?

让顾客产生消费满足感和再消费感，这正是销售服务的目标。要实现这个目标，关键是服务能否做到不仅让顾客对商品满意，更能让顾客在精神上获得真正的感动，无疑，多体贴顾客，多为顾客着想，才能更好地吸引顾客，拉近与顾客的距离，增强顾客的满意程度。

2. 如何衡量顾客满意程度

要提高顾客的满意度，就要清楚顾客对自己店铺的满意程度如何。要明白顾客对自己店铺的满意程度，就要想办法进行衡量。知道了现状如何，才可以更好地改进。

一般来说，衡量顾客的满意程度有以下几种方法。

（1）投诉和建议制度

一个以顾客为中心的商店应为其顾客投诉和提建议提供方便。顾客提出的要求、建议都是宝贵的信息。这些信息不但会反映出顾客对自己商店的满意程度，而且还会为商店带来大量好的创意，在采取行动，解决问题的过程中，为店铺带来更好的发展，可谓一举两得。

（2）顾客满意调查

可以通过定期调查，直接测定顾客满意状况。在实际操作时可以在现有的顾客中随机抽取样本，向其发送问卷或打电话咨询，了解顾客对自己商店各方面的印象。还可向顾客征求其对同行的看法。在收集有关顾客满意的信息时，询问一些其他问题，对了解顾客再购买的意图将是十分有利的。

一般而言，顾客越是满意，再购买的可能性就越高。衡量顾客是否愿意向其他人推荐本店及产品也是很有用的。好的口头评语意味着商店创造了高的顾客满意。

（3）实地调查

收集顾客满意的另一个有效途径是请人装扮成顾客，报告其在自己商店及其竞争者店铺购买商品过程中发现的问题。

（4）分析流失的顾客

对于那些已停止或转向别处的老顾客，应该诚恳地与他们接触，了解产生这种情况的原因，是价格定得太高，还是服务不周到、商品质量不可靠，等等，店铺一定要提高顾客回头率，控制顾客流失率。如果流失率不断增加，回头率不高，只能说明这个店铺在顾客满意度方面不尽如人意。

3. 提高顾客满意度

要想让顾客满意，首先需要的是对顾客的心理和意图有一个大致的了解。然后才能在此基础上做出让顾客满意的行为。一个顾客的购买行动是多种购买动机竞争的结果，顾客的购买目的不同、产品的使用场合不同，当然会表现出不同的购买行为。

比如，顾客购买礼品用于馈赠，若是赠送给自己的上司，会表现出强烈的求名动机，追求产品的品牌档次；若是赠送给自己的家人，往往追求经济实惠，更多地表现为求实动机。

下面我们来看一下著名的“10P”理论的内容，如表 2－5 所示。

表 2－5　顾客满意的“10P”理论

10P 理论	内容
People	外部内部顾客满意
Personal	人事与考评公平化
Product	产品满足顾客需要
Price	价格合理化
Promotion	促销活动真实化
Place	营销渠道合理
Public	公共关系稳定
Policy	政策公开化、透明化
Period	长时期的优质服务
Profit	公司顾客收益最大化

从表 2－5 中我们可以看到，要想让顾客非常满意并不容易，需要协调各方面的关系。但最根本的两点，也是顾客最关心的两点，就是商品和服务。

同时为了更好地满足客户需求及对服务的满意度，我们可以设置调查表，如表2－6所示。

表2－6　　　　客户服务满意度调查表

填表日期：　　年　月　日

<table>
<tr><td rowspan="3">客户资料</td><td>客户姓名</td><td></td><td>性 别：□男　□女</td><td>联系电话</td><td></td></tr>
<tr><td>店铺名称</td><td></td><td>联系方式</td><td colspan="2"></td></tr>
<tr><td>店铺地址</td><td colspan="4">省　市　县　乡/镇　路/街　□专卖店　□商场</td></tr>
<tr><td colspan="6">评估内容</td></tr>
<tr><td rowspan="5">服务项目</td><td>序号</td><td colspan="2">评估项目</td><td colspan="2">满意指数</td></tr>
<tr><td>1</td><td colspan="2"></td><td colspan="2">□很好　□好　□一般　□差</td></tr>
<tr><td>2</td><td colspan="2"></td><td colspan="2">□很好　□好　□一般　□差</td></tr>
<tr><td>3</td><td colspan="2"></td><td colspan="2">□很好　□好　□一般　□差</td></tr>
<tr><td>4</td><td colspan="2"></td><td colspan="2">□很好　□好　□一般　□差</td></tr>
<tr><td rowspan="4">卖场环境</td><td>1</td><td colspan="2"></td><td colspan="2">□很好　□好　□一般　□差</td></tr>
<tr><td>2</td><td colspan="2"></td><td colspan="2">□很好　□好　□一般　□差</td></tr>
<tr><td>3</td><td colspan="2"></td><td colspan="2">□较短　□合适　□较长</td></tr>
<tr><td>4</td><td colspan="2"></td><td colspan="2">□很好　□好　□一般　□差</td></tr>
<tr><td rowspan="4">产品质量</td><td>1</td><td colspan="2"></td><td colspan="2">□很好　□好　□一般　□差</td></tr>
<tr><td>2</td><td colspan="2"></td><td colspan="2">□很好　□好　□一般　□差</td></tr>
<tr><td>3</td><td colspan="2"></td><td colspan="2">□新颖　□一般　□过时</td></tr>
<tr><td>4</td><td colspan="2"></td><td colspan="2">□很好　□好　□一般　□差</td></tr>
<tr><td>客户建议</td><td colspan="5">感谢您的宝贵建议！【店长建议/客户建议】</td></tr>
<tr><td>备　注</td><td colspan="5"></td></tr>
</table>

（1）注重商品价格、质量

每个店铺都有自己主要针对的消费群体。首先要明确自己的店铺所要经营的主要商品，进货渠道，针对的目标客群是什么，以及顾客对自己的商店有何评价，今后希望的发展方向如何。

要回答以上这些问题，最好参考有关的商业新闻，如此可以节省漫无目标摸索的困扰。如果你希望获得更加详细的资料，可以进一步收集以街为单位的最新人口资料或“市区概况”“市区长期计划”或者“城市规划图”等资料，了解店铺附近环境的目前状况与未来的改变。也可以前往工商服务处，阅览各地区的商业概要，以及各有关商业评估的报告书，相信能对你有所助益。

如果要开一家针对中学生的服装店，就要实地考察店铺周围的情况，了解自己店铺的位置、顾客来源，等等，考虑服装的定位，是中档还是高档。要多方收集资料，作为估计购买力时的参考资料，并且作为自己的参考资料，此外，最重要的是利用这些资料能更主动掌握一些有利于自己生意的顾客动态。

对于经营者而言，需要谨记：店铺导购员的选择、商品的合理定价以及适时的打折促销是必须熟练掌握的三种赢利武器。

(2) 发挥店铺员工的服务优势

店铺中导购的仪表举止如何，将首先给顾客留下好或不好的印象，对顾客的心理变化起着重要作用，在一定程度上影响销售工作的进行。在接待顾客的过程中，一刻也离不开语言，能不能很好地运用语言，讲究语言艺术，直接影响到服务质量和商店信誉。所以在销售的整个过程中，导购要说话准确、生动，使用文明用语。

对于商店来说，态度良好的“服务”就是他们的商品之一。我们自己也深有体会，上餐厅时，服务生如果不出来招呼，是一件令人很难受的事，我们很可能转身离去。我们常常可以在较有规模的饭店里，看到女服务生固定站在饭桌边招待顾客。这些服务员通常并不多问其他问题，只听从顾客的吩咐，正确得体地应对，使顾客感到宾至如归。

另外有一种商店是一切由自己动手的“DIY”（Do It Yourself）店，他们并不把顾客当作顾客，让顾客进到店里就像在自己家时一样，使人备感亲切。因此，我们可以说：服务的好坏，要看服务的时机与服务的方式、内容而定。服务的方式会因不同的行业而有所不同。应该掌握服务的重点，将服务视为商品的一种，“顾客至上”的周到服务才是成功经营的不二法门。

换句话说，导购除了要有丰富的商品知识外，更要使自己充满自信，做一个最佳的顾问，这种兼顾两方面的服务态度是非常重要的。

对上门的顾客抱着“你爱买就买，不买就算”的态度，或者只做一次售后服务的商店来说，这样的生意不但不会持续太久，同时也无法得到顾客的信任。唯有把“顾客至上”视为理所当然的服务方式，才能使生意兴隆，这是经营店铺者不可缺乏的经营态度。顾客服务是一个要用心去对待的工作，每一个细节都要设身处地地去把握。

（3）优质服务，叩开成功之门

服务就是以顾客为主，设身处地站在对方立场，本着关怀的态度，去帮助解决问题。南京市亚马逊公司曾对外界宣称：要高薪招聘美女营业员。但是，“以貌定薪”的亚马逊数码社区美女营业员，经过 1 个月的“实战”后，因为业绩考核不尽如人意，黯然退场。

有关人士表示，美女促销不是“万金油”，商家只有狠抓“货真价低”和“优良服务”等内功才能立于不败之地。在市场竞争中，商家借助美女来促销，提升企业形象和知名度，又让顾客掏腰包，不失为一种明智之举。但美女所带来的只是短暂的“表面繁荣”，要想“杀出重围”，商家必须以优质平价、服务精良等内功打动消费者，才是长久之计。

要想真正做到让顾客满意，只有让每个店员都提高素质。店员需要跟各种类型的顾客打交道，他们的素质非常重要。比如：您是要灰色的还是要白色的？您要不要这件？这两个问法哪个更好呢？如果直接问顾客要还是不要，那顾客说“不”的概率就是一半。如果是第一种问法，一般按照惯性，顾客会从你的问句中选择一个。

其实规定“微笑服务”等都是没用的，只有店员从内心觉得这个店铺是自己的，才能激发出他们的积极性，他们才会考虑在把条条框框做死的基础上，怎么做才能更好。看见顾客来了是应该笑，但应该是发自心底的，不是皮笑肉不笑。要诚挚，用“诚意”和“诚心”来打动顾客。

所以，店铺可以要求所有的导购、收银员等：你可以不用逢人必笑，可以不鞠躬，但一定要用贴心的服务让顾客满意。

王老板新开了一家服装店，刚开业的时候采取买 100 送 30 的方式，买卖红红火火，一副可喜的景象。但是一个月之后，生意开始冷了下来，半年后顾客流失率 50%，这是什么原因呢？王老板很着急，但却不知道问题出现在哪里，更不知道该如何下手解决。

其实，很多店主在经营中都遇到过类似的问题。据调查，一般经营性服务业平均每年流失 10% ~30% 的顾客。流失了哪些顾客？什么时候流失的？为什么会流失？顾客流失给商店造成了多少损失？这些都是需要解决的问题。许多店铺花费大量人力物力来开发新顾客，却不知道想办法提升顾客满意度，留住老顾客，同时也吸引新顾客。

王老板开始想办法。首先采取“顾客满意度调查”的方式，来测量顾客满意度，然后好改变经营决策。在经过一段时间的调查后，开始分析调查信息，一步一步分析到具体原因，是售价偏高，还是款式不够新颖，又或者是服务员态度不好？分析到根本原因后，才能取得实际改进效果。

举一个例子，调查中发现了很多导购的服务问题。有一次一名顾客只是写了对某一位导购不满意，但是并没有说明具体原因。王老板看到后，马上找到这名导购，并没有狠狠批评她，而是询问她服务过程中有什么地方做得不够周到，这名顾客是否是常客。弄清楚服务员并没有过错后，王老板联系到这名顾客，很有礼貌地解释，认真倾听，表示一定改正。最后顾客很不好意思地说，其实那名服务员并没什么不好，只是自己当时心情不好，并且很感动地夸他们店真是不错，以后一定常常光顾。

店铺要发展，就要让顾客盈门，要留住顾客。全面了解顾客，和顾客进行有效沟通，让顾客明明白白开开心心消费，才能长久地留住顾客。

很多店铺会遇到这种情况：一开始的时候顾客很乐意填写“顾客满意度调查表”，可是后来会发现，顾客对此越来越不感兴趣，为什么呢？

往往是因为顾客的意见没有得到真正重视，店铺没有进行认真的、富有成效的改进，顾客认为填写调查表只是形式，也就不愿意浪费自己的时间了。试想：顾客在调查表上写了自己的意见或建议，下次再来时发现这个问题根本没有得到解决，顾客还会相信这个商店的诚意吗？以后还会来这里消费吗？

要想解决这个问题，一定要重视每张调查表，在调查现场及时了解顾客的真实想法，与他们沟通交流，回收调查表之后要进行分析和改进。当顾客下次光临时，让他们感觉到受尊重，这样才能留住顾客的心。

第五节　促成快速成交的技巧

在店铺销售模式中，拉动式或者引导式销售是非常重要的一部分。导购需要创造消费者的欲望和需求。店铺的导购在一对一营销的时候，不仅要有销售，还要有帮助，销售人员不仅是营销员，还是顾问与建议者。他们诚恳地希望能帮助顾客，从而在销售成功以前与顾客建立良好的关系。

宜家在这方面可以说是业内的典范，它的店员将每一个细节都考虑进去，来指导消费者快速做出购买决定，因此它出售的几乎都是完全符合用户要求的产品。总之，在这个以消费者为导向的时代，谁为消费者想得更多，谁就能够成为市场的赢家。

要促进快速成交，导购和收银员责无旁贷，他们必须增强自己这方面的意识，丰富这方面的知识。

1. 促进快速成交的要点

当顾客有意购买某商品，但是又显得有些犹豫时，商品的价格和质量已经不是最重要的问题了。这时候最关键的是导购的服务态度和促销技巧。

所以，促成快速成交的要点也有两个：一是服务态度；二是服务技巧。

(1) 导购自身的服务态度

守信用是最重要的。然后，要懂得顾客心理，不紧跟顾客过分推销或紧跟着把顾客刚看过的衣服立刻重新折叠整理，这样会令顾客反感而离开。要按照规定穿着制服，保持仪容仪表整洁。善于应变，能沉着冷静地应付店内及周围发生的事情，并能在处理突发事件时保持良好的服务态度。

经常面带微笑，不会把个人不愉快的事情带到工作中，影响工作情绪。掌握全面的知识，能解答所有有关店内货品的问题。保持礼貌、热情、真诚和主动。对公司的发展历史、发展目标有清楚的认识，等等。

(2) 接近顾客的小技巧

导购要做到巧妙地接近顾客，这样不仅仅可以拉近与顾客的心理距离，还可以尽快地促成交易。导购应该在最佳时机接近顾客。我们应该让顾客自由地挑选商品，但不是对顾客不理不睬，不管不问，而是与顾客保持恰当的距离，用目光跟随顾客，观察顾客。

一旦发现时机，就要去接近顾客。原则把握住了，时机找准了，那么，下一步就是该以何种方式来接近顾客促成交易。任何事情都讲究技巧，该以何种方式接近顾客呢？以下是一些小技巧：

①提问接近法

例如：您好，有什么可以帮您的吗？

这件衣服很适合您！要不要试试看？

请问您需要什么样子的？

请问您喜欢哪个颜色的？我帮您拿来看看。

②介绍接近法

看到顾客对某件商品有兴趣时上前介绍产品。

产品介绍：FAB 法则：

Feature（属性）：产品品质，即指产品所具有的属性；即一种产品能看得到、摸得着的东西，这也是一个产品最容易让客户相信的一点。

Advantage（作用）：从特性引发的用途，即这种属性将会给客户带来的作用或优势。

Benefit（益处）：是指作用或者优势会给客户带来的利益，对顾客来说有哪些好处。举例如表 2－7 所示。

表 2－7　　FAB 法则例表

产品所在公司	产品	F（属性）	A（作用）	B（益处）
家具公司	真皮沙发	真皮	柔软	感觉舒服
汽车公司	配有 12 缸发动机的汽车	12 缸的发动机	0～100 千米加速时间为 12 秒	省时

通过运用FAB法则来向顾客介绍产品，可以让顾客全面而有效地了解产品，同时又实现了销售人员与顾客间的良性互动，但需要注意的是，使用这种方法时，尽量不要征求顾客的意见。如果对方回答“不需要”或“不用麻烦你了”就会造成比较尴尬的局面。

③赞美接近法

即以“赞美”的方式对顾客的外表、气质等进行赞美，接近顾客。

比如：您的包很特别，在哪里买的？

您的眼光真好，这是今年最新上市的新产品，我们店刚到货。

您今天真精神，气色真不错。

这个小朋友长得好可爱！（当然，需要是带小孩的顾客）

俗话说：良言一句三冬暖。好话大家都爱听。一般来说如果赞美得当，顾客都会表示友好的态度，并乐意与你交流，这样也可以提高快速成交的可能性。

④示范接近法

利用产品示范展示来表现产品的功效，并结合一定的语言介绍，来帮助顾客了解产品，认识产品。最好的示范就是让顾客来试穿或者试用。有数据表明，68%的顾客试穿试用后会成交。

但是，无论采取何种方式接近顾客和介绍产品，导购员必须注意以下几点：

第一，要时刻察看顾客的表情和反应，学会察言观色。

第二，提问要谨慎，切忌涉及个人隐私。

第三，与顾客交流的距离，不宜过近也不宜过远。正确的距离是肩内侧1米左右，也是我们平常所说的社交距离。

2. 如何快速成交

一般来说，导购需要掌握以下几种基本的成交小技巧。

（1）帮助顾客挑选

当准顾客一再出现购买信号，却又犹豫不决拿不定主意时，可采用“二者选其一”的技巧。譬如，你可以对顾客说：“请问您要这件浅灰色的还是那件银白色的呢？”这种“二选一”的问话技巧，只要顾客选中一个，其实就是你帮他拿主意，下决心购买了。

（2）利用“怕买不到”的心理

人们常对越是得不到、买不到的东西，越想得到它、买到它。导购可利用这种“怕买不到”的心理，来促进成交。比如，销售人员可对准顾客说：“这种产品只剩最后一个了，短期内不再进货，你不买就没有了。”或者“今天是优惠价的截止日，请把握良机，明天你就买不到这种折扣价了。”

（3）买一次试用看看

顾客想要买你的产品，可又对产品没有信心时，可建议对方先买一点试用看看。这也显示出了你对产品有信心，这一“试用看看”的技巧也可帮顾客下决心购买。

（4）欲擒故纵

有些顾客天生优柔寡断，他虽然对你的产品有兴趣，可是拖拖拉拉，迟迟不做决定。这时，你不妨故意收拾东西，做出要离开的样子。这种假装告辞的举动，有时会促使对方下决心。当然，使用这种技巧时，需要你对顾客的性格先做出判断。

（5）反问式的回答

所谓反问式的回答，就是当顾客问到某种产品，不巧正好没有时，就得运用反问来促进成交。举例来说，顾客问：“这件衣服最大号有白色的吗？”这时，导购不可回答没有，而应该反问道：“抱歉！我们没有白色的，不过我们有浅灰色、浅棕色、淡粉色的，在这几种颜色里，您比较喜欢哪一种呢？”

达成并扩大交易才是成功的导购。“促进成交”，是作为一名导购的起码条件。在具备良好的服务态度之外，一名优秀的导购还必须掌握以上促进成交的技巧。

小贴士：导购应做和不应做的事情

1. 应做的事情：

采取真诚和主动的态度去招呼顾客；

一心一意，全力协助顾客；

推销附加产品：新到货品、减价货品、库存较多的货品、与顾客所购买的商品具有关联性的货品；

随时清楚地了解店内的库存；

每一位导购都应向购买或没有购买的顾客致谢、道别。

2. 不应做的事情：

催促顾客，或对顾客表现出不耐烦；

对多次试穿或试用后没有购买的顾客反目相向；

以相貌、服饰来鉴别顾客的购买力，对自己认为没有购买力的顾客冷眼相向；

接待顾客期间，不应有坏习惯或小动作；

无论事实如何，都不应对顾客说“你错了”。

第三章　店铺服务

——注重用户体验，“回头客”让旺季更旺

网上店铺与传统店铺相比，在流量成本飞涨下，如何把流量价值最大化转化是亟待解决的问题。而一个网店的成功，并不在于流量的大小，而在于回头客有多少。“回头客营销”是提高流量价值的重要途径之一。

想要有流量、想要有转化率、想要有订单，用户体验是非常重要的一环，做好网店用户体验感就是服务，售前、售中、售后每一个环节都不可缺少。

买家收到货后有什么问题，客服都要耐心细致地解答。当买家联系售后时，我们应先安抚买家，搞清楚问题出在哪？当问题在于自己时，就要勇于承担责任。卖家要懂得为买家着想，用服务减少中差评，提升买家的信任感，增加回头客。

如今消费者在零售消费方面的关注焦点，已经实现了从重价格到重质量、再到当前重服务的“三级跳”式跨越。服务品质的不断完善和优化，逐步成为提升零售业竞争力的王牌之一。

一般在旺季时期，大家都会暂时把服务这一环节稍为放松，因为生意多，忙个不停，正所谓收钱也来不及，不要讲究什么服务。但是，聪明及

有长远眼光的老板，却更懂得利用高消费档期，乘机借用良好的服务，制造回头客，希望在旺季，在每一位顾客心上，种下一粒种子，使其成为日后的长期顾客。

第一节 线上线下店铺，服务的重要性

店铺的作用在于：吸引客流消费和提供超值服务。如果只是为了销售产品，店铺并不一定需要当街，可以开到更高的楼里去，房租也比较低。店铺之所以要开在当街是为了注重服务，这是新兴的电子商务无法比拟的优势。

实体店铺的总运作成本较高，也极大考验品牌商的功力。

当下互联网和移动互联网已经对实体店产生了很大的冲击，但是不代表可以取代实体店。未来开店的趋势一定是线上线下结合，线下一定要售卖高毛利、差异化的东西，要不无法长久维持运营。在网上对着电脑下单，和你在阳光下喝咖啡、吃饭、与孩子们一起看场电影，是两码事。

1. 服务及其特性

随着顾客的日益理性化，其对服务的品质与质量的要求日益提高。现在的零售顾客需要的是简捷快速、自由自在地购物，他们几乎没有时间去寻找商品或等候购买。良好的服务能够使顾客再次光顾商店，同时产生良好的口碑，从而吸引新顾客。从长远来看，良好的顾客服务实际上可以降低成本，成为企业竞争优势的源泉。

对服务的定义有很多种，而我们认为，服务是一方能够向另一方提供的任何一项活动或利益，它本质上是无形的，并且不产生对任何东西的所有权问题，它的生产可能与实际产品有关，也可能无关。

服务具有 4 个特性。

（1）无形性

服务是无形的。在购买服务之前，它们看不见、尝不到、摸不着、听不见、唤不到。想要理发的人在消费之前是看不到理发效果的，在医院看病的人，也不可能预先知道医疗结果。购买者必须对服务的提供者有足够的信任。

针对这一特性，服务提供者可以在增强顾客信心方面做出一定的努力。

第一，他们可以尽可能将无形的服务有形化。理发师可以为顾客事先出示图样，示意顾客理发后的效果。

第二，服务提供者可以向被服务对象更多地描述服务的效果，而不只是描述服务的内容。例如，患者更希望从医生口中知道预计的治疗进度，而不是专业的医学知识。

第三，服务提供者可以为其服务制定树立品牌形象，以增加顾客的信任感，如“曼捷凯斯特”清洁服务，“联合航空公司红地毯服务”。

第四，服务提供者可以利用名人效应为服务提高信任度，如布什的一则广告为美国的旅游业的峰回路转起到了巨大的作用。

（2）不可分性

服务的生产过程与消费过程是同步的，无论提供服务的是人还是机器。但有形产品是存在着的，不论其来源是否呈现。

例如去参加一次摇滚乐音乐会，消费者得到的娱乐价值和演奏者是分不开的。如果主持人告诉观众米克·杰加将不能演出，而由唐尼和玛丽·奥斯蒙德来代替，这种替代的服务和预先安排的服务就不是相同的服务。这意味着购买这一服务——欣赏米克·杰加现场演奏会的人数要受到米克·杰加在音乐会上表演的时间和数量的影响。

（3）不稳定性

服务是非常不稳定的，因为服务的效果依赖于由什么人提供服务，以及提供服务的环境。同一道菜由两个不同的厨师烹调，其口味自然也是不一样的。服务购买者意识到服务具有高度的易变性，并且他们会在选择服务提供者前经常向其他人提及这一问题。

（4）适时性

服务不能储存。许多医生为什么会指责病人误了约定时间呢？这是因为服务的价值恰恰在病人没到场的那段时间内存在。当需求处于稳定状态时，服务的时间性算不上是个问题，因为在服务之前就能容易地配备好服务人员。当需求上下波动时，服务提供者就碰到了难题。公共交通公司根据高峰时间的需要来计算应该拥有的设备要比根据全天平均需求计算而得出的多得多。

2. 零售服务类型

按售货过程的阶段分类：

（1）售前服务

即在商品出售以前所进行的各种准备工作，在这一阶段，零售商应该对执行某些活动的时间、员工所提供的服务品质以及评估方法有所预计。因此，明确顾客对以下几点的看法很重要：

顾客需要零售商提供的主要附加服务有哪些？

在各产品细分中，对顾客来讲经济性的重要意义在哪儿？

顾客对本企业与竞争对手的比较评价如何？

（2）售中服务

这些销售组成要素包括：存货利用率、替代品利用率、信息利用率、购买方便性、满足特殊订单的能力、在系统中找到存货并运送至指定地点的能力、系统确定商品可能购得的准确性。此外，服务环境、商场设计、指示牌以及购物氛围也都将是消费者对服务的满意程度的重要影响因素。

（3）售后服务

售后服务组成部分属于消费者购买后的后续工作，目的是提高顾客整体满意度。其内容包括如下服务：安装、保证、换货、修理、顾客问题的全面处理、投诉、索赔。另外还包括：产品跟踪、为顾客提供后续信息，比如，产品召回信息、产品修理与维护信息等。还有一种情况是针对一些要求修理或换货商品提供一些暂时性替代品的信息。

3. 顾客服务的作用

服务已经成为店铺进行销售时不可或缺的强有力武器，服务的专业程度、速度，以及如何帮助顾客节省开支、品位、资讯、品牌等都属于考察店铺服务质量的范畴。此外，店铺本身的文化氛围，以及视觉、听觉方面的感受，都已经扩展为服务的价值。

因此，店铺要学习和掌握一种全新的顾客服务理念，即全面深入了解顾客，主动出击争取顾客，努力留住老顾客，用服务提高顾客满意度，赢得顾客的忠诚，对顾客关系进行创新，把抱怨当成赠礼，从而胸有成竹地抓住顾客的心。只有这样，店铺才会在竞争日益激烈的今天，抓住更多的顾客。

小贴士：售中服务小技巧

1. 劝购热情适度。热情得体的服务是店铺销售人员工作中必不可少的。销售人员要主动服务，热情引导顾客购买，但任何事情都必须适度，“过度”和“不及”都是不可取的。

2. 提高工作效率。许多店铺为了节约成本，只设为数不多的几台收款机，遇到购物高峰期，购物交款的顾客常常需要排队等候，这势必增加顾客的购买时间，而且还经常发生没有零钱找给顾客的现象。这些都是店铺工作效率低下的表现，会令顾客的购物情绪大打折扣。

3. 提供特殊服务。特殊服务中的特殊顾客主要指有特殊需求或自身存在特殊情况（如残疾、行动不便等）的消费者，对这类顾客，店铺方面切忌态度冷淡，而应主动帮助他们，为其提供便利服务，从而赢得更多的顾客群体。

4. 善于补位。有些店铺销售人员的协调合作意识很差，常会发生顾客在店铺里购物找不到销售人员的情况，通常要等上半天或"吆喝"几句，销售人员才会出现，令顾客十分不满。对于这种情况应采取相关对策，如加强销售人员及相关人员的培训，提高他们的协调合作意识，职业素质。如果某个销售人员有急事暂时离开"领地"，其他人员要及时"补位"，避免他所负责的岗位出现空当，造成顾客购物的不便。

第二节 零售服务设计

在大众创新、万众创业的政策下，2015 年掀起了一股创业浪潮。有人认为，当下创业就是互联网创业，"互联网 +"时代，难道线上就真的比线下强吗?

答案肯定是否。因为线下实体店没做好，产品没有别人的好，"互联网 +"就没有任何实质意义。互联网的发展方向一是大数据、人工智能、虚拟现实；二是互联网与传统行业相结合。

做好线上销售的前提，是要做好线下零售服务的设计。

1. 期望服务与容忍区域

店铺提供服务的目的是让目标顾客能够接受并提高其满意度。因此，了解目标顾客对服务的期望是服务设计的起点和关键。

顾客对于店铺的服务有几种不同类型的期望。第一个水平被称为理想服务，这是顾客希望店铺能够提供的服务项目和质量水平。当然，由于现实条件的限制，或是由于竞争的不充分而顾客没有选择的余地时，顾客往往不得不承认自己的理想服务期望也许是不现实的。

因为这个原因，他们对可接受服务的门槛有另一个低水平的服务期望，这个低水平的服务期望被称作适当服务。适当服务是顾客可接受的最低或最起码的服务水平，反映了消费者相信其在服务体验的基础上可得到的服务水平。

在理想服务与适当服务之间，存在一个差异范围，这一差异范围被称作容忍区域。如果一个店铺提供的服务水平低于容忍区域的下限，即降到顾客可接受的适当服务水平之下，顾客将感受到挫折并对店铺的满意度降低；如果一个店铺提供的服务水平超过了容忍区域的上限，即超过了理想服务水平，顾客会非常高兴并提升对商店的满意度。因此，容忍区域是这样一个范围或窗口，在这一范围之内，顾客并不会特别注意服务水平，但在区域外（非常低或者非常高）时，该项服务就以积极或消极的方式引起顾客的注意。

例如，当顾客在店铺排队付款时，大多数顾客对排队时间可接受的范围在5~10分钟，假设排队付款能在这段时间内完成，顾客也许就不会对等候有意见。如果顾客在一家店铺排队付款时间总是在2分钟之内，他可能注意到这项服务并判断其为优秀的服务；如果该顾客在另一家店铺排队付款的时间超过了10分钟，他（以及大多数排队的其他顾客）便开始抱怨并不停地看表，有些顾客甚至会弃商品离去。一些注重服务质量的商店会时刻关注顾客排队的时间及顾客丢弃商品的购物篮，从而判断收银员的收款业务是否达到顾客期望的水准。

店铺在设计服务时，不仅需要弄清楚顾客对服务的容忍区域。适当服务是店铺必须提供的，如果适当服务缺乏将会导致顾客流失；理想服务对于一般的店铺而言不必强求，但以服务作为竞争优势主要来源的店铺则需要提供优质的理想服务，这样有助于强化顾客忠诚，提升店铺形象。

需要注意的是，有些服务对某些店铺或许是适当服务，但对另一些店铺则可能是理想服务。例如，送货对家具店而言是必须提供的，而对于普通的超级市场则可能是理想服务。不同业态和不同竞争战略的店铺，顾客对其服务期望是不同的，这就是为什么从顾客角度看，货仓式商店雇用为数不多的雇员就能使顾客感到满意，而在豪华的百货商店里，许多穿着礼服、彬彬有礼的服务员也不一定能使顾客满意的原因。

此外，不同的顾客具有不同的容忍区域，一些顾客容忍区域较窄，他们对店铺提供的服务水平会比较挑剔；而一些顾客的容忍区域较宽，他们对店铺偶然出现的服务差错也能接受。即使是同一个顾客，他对于不同的服务项目也具有不同的容忍区域，与不太重要的因素相比，顾客有可能更不放松对重要因素的期望，使最重要服务项目的容忍区域缩小，理想服务和适当服务的水平提高。

2. 顾客服务水平设计

服务项目有很多，可以说是不胜枚举，店铺提供的许多服务项目可能会获得一些利益，但是由于提供服务必须支付成本的缘故，店铺不能无限制地提供服务，店铺需要对提供哪些服务项目做出选择。可以根据以下因素确定服务水平。

（1）对销售的直接帮助显著

一项服务项目应该直接或间接地促进销售，而不能全无关系。店铺要研究服务与销售量的关系，服务对销售量的影响通常有以下 4 种表现。

服务水平与销售量无关或相关程度很小；服务水平与销售量成线性关

系，提供一定的服务项目也会相应地增加销售量；增加服务项目在开始时能够促进销售量的增长，但继续增加服务项目，销售量增长缓慢，甚至停止增长；在一定的范围内增加服务项目提高服务水平对销售量的影响很大，而在服务水平较低时，对销售量影响很小。

到这里，我们得知，全部服务项目与销售量增加并非都有关。因此零售商确定服务项目不是越多越好，而是要考虑增加一些服务项目对销售量的影响作用。

（2）顾客需求

店铺提供一项服务项目的基础是顾客需求。但顾客需求的服务往往和付出价格成为一对矛盾。免费提供服务，顾客当然高兴接受，但被要求支付价钱时就会有所顾虑。一般来说，顾客需要服务，但并不愿意在这方面付出太多的金钱。如果因店铺提供服务而商品出售价格高，目标顾客宁愿放弃需要的服务，接受低的价格，在这种情况下，服务就不属于顾客需求。

（3）店铺经营规模

店铺的经营规模不同，其提供的服务项目的类别与数量也会不同。大型店铺提供的服务比较多，如大型百货商店提供服务充分，而中小型百货商店提供的服务项目较少。

（4）销售商品的特点

每种商品在销售的过程中需要伴随一定的服务才能完成。而不同的商品需要伴随的服务是不同的。零售商需要按照商品的销售特点提供相应的服务。如耐用性商品、技术性复杂的商品，提供保修服务、安装、维修服务就是必要的。

（5）服务成本

零售商提供每一项服务，都需要付出成本，因此对提供服务项目数量要视承担成本能力而定。

（6）竞争优势

当市场竞争是激烈的，店铺在商品组合、经营地点等方面不具有优势时，增加服务项目、提高服务水平则是参与竞争、提高竞争能力的有力武器。

服务水平是店铺愿意向消费者提供的购买商品的帮助程度。服务水平由低到高可以分成若干层次，如低服务水平、中等服务水平、高服务水平。低服务水平通常表现为店铺仅提供经营商品所必需的服务，而高服务水平则表现为店铺不仅提供必要的服务，而且也提供伴随性和补充性的服务。

店铺提供服务水平的程度也和费用增加程度密切相关。提供低水平的服务，意味着店铺支付的成本也较低，而提供高水平的服务则支付的服务成本较高。从实践方面看，超级市场、仓储商店、折扣商店等都选择提供较低的服务水平，同时以提供低商品价格吸引顾客；一些中等规模的百货商店则选择提供中等的服务水平，既以服务也以价格吸引顾客；专业商店、精品专卖店、大型百货商店则选择高服务水平，虽然这些商店提供的商品价格高，但充分的服务却能吸引消费者。

3. 常见的零售服务项目

（1）送货服务

在确定送货服务时有两点需要考虑的因素：送货方式和送货时间。送货方式可能是汽车、货车、卡车、火车、船、邮寄或飞机。送货方式的成本取决于所配送的商品。

店铺对消费者购买体积大、质量重的不便于携带的商品，根据顾客的要求提供送货服务。对电话订购或信函订购的也要送货上门，还对外地顾客或旅游者购买的商品提供邮寄服务。

送货服务可以增强店铺的竞争优势和商店形象，拓宽产品的目标消费群体。送货时间必须计划，店铺必须决定不同地区订货的处理速度和送货频率。

（2）租赁服务

这是一种补充性服务。店铺利用一些商品向顾客提供临时需要或对不打算购买而需要获得物品一定时期使用权的服务。如商店出租雨具、交通工具、照相机、摄像机等租赁服务。

（3）调换与安装

对以那些调换、安装并对商品做相应处理作为其主要服务项目的店铺，现在都已经开始针对这些服务收取一定的费用。而对于竞争相对比较激烈的店铺，依然可以通过此项免费服务获得更大的竞争优势。

（4）产品的包装

店铺提供的这项服务有以下几种基本形式。

商品的预先包装。商品预先包装可以保护商品清洁卫生，同时也便于商店管理。

出售后的商品包装。店铺可以在包装袋或包装盒上进行广告宣传，印上店铺的外观形象、地址、经营商品种类、服务项目以及电话号码等。

礼品包装。通常对顾客购买的馈赠商品按其要求提供包装。商品的预先包装和售后包装通常是免费的，而礼品包装因为增加了包装材料的成本，则经常是收费的。礼品包装也是一种补充性的服务。

（5）对顾客的投诉和退货要求处理

店铺对消费者因各种原因对所购买的商品感到不满意提供商品退换服务。退换服务是商品保证的基础。提供这种服务可以增加顾客对商店的满意感，解除顾客的后顾之忧，获得顾客的经常惠顾。

（6）优惠券

优惠券是鼓励新的和现有的顾客在既定的零售店继续购物的一种方式。许多店铺要求顾客消费掉优惠券，而不能折成现金。

（7）折价

折扣价也诱使新老顾客惠顾一家店铺，人们获得实惠。

（8）产品试用

试验购物让顾客在购买之前使用产品，因此减少了风险，如果顾客喜欢该产品，就留下并付款，如果不喜欢，可以退回。一些邮购店铺也允许试用所购商品。

（9）对老顾客的特殊待遇

店铺正不断增加为老顾客提供的服务范围。这种特殊销售只用于提高顾客的忠诚度，而不面向一般大众。比如，老顾客的邮购和电话订购优先处理。

（10）信贷服务

店铺对消费者提供的信用卡结算和对购买高档耐用品的顾客实行分期付款等服务。实行信用卡购物结算，为顾客解除了携带现金的困扰；分期付款则使消费者能够实现提前使用商品，也刺激生产。

（11）其他服务

一些大型的商场里会提供比较详细周到的服务项目，如：休息室、餐厅、个人导购、儿童托管处、售票窗口、试衣间、停车场、喷泉、皮具存放、付费电话、购物袋、婴儿车、信息台等。

小贴士：令顾客心动的语言技巧

1. 善用赞美。不管在什么时期，什么场合，真诚地赞美顾客，是销售人员获得顾客好感的有效方法。销售人员可以通过对顾客的真诚赞美来满足顾客的自尊心，获得顾客好感，从而使之心甘情愿地为商品掏腰包。

2. 学会与顾客聊天。销售人员一味地热情推销，往往会引起顾客反感，所以有经验的销售人员会寻找与顾客聊天的机会，在随意的聊天中，慢慢地引导顾客对其商品产生兴趣。与顾客聊天是很重要的，不但会减轻顾客的戒备心理，使其轻松愉快，还可以在顾客的言谈中洞察其心理。

3. 多几分智慧和幽默。在销售活动中，将话说得幽默一些，委婉一些，风趣一些，更能吸引顾客的注意力，激发顾客的购买兴趣。例如，一位销售人员在向顾客介绍某种灭蚊剂时，那位顾客突然问道：“你敢保证这种灭蚊剂能把所有的蚊子都杀死吗?”销售人员微笑着回答：“不敢，在你没放药的地方，蚊子照样活得很好。”一句玩笑，不仅逗乐了顾客，而且还让顾客愉快地购买了商品。在销售活动中，幽默的语言可以营造轻松活泼的气氛，从而创造良好的销售环境。

4. 服务推行细则

为了更好地把零售服务做好，我们可以通过售前、售中、售后三部分来评估店员服务质量，如表3－1所示。

表3－1　　顾客服务表现评审表

（1）售前部分

总分30分	优秀（5分）	良好（4分）	一般（2分）	很差（0分）
仪容仪表：着淡装上岗，工服整洁	全部做到 □	50%以上做到 □	50%以下做到 □	没有做到 □
恰当的站姿	全部做到 □	50%以上做到 □	50%以下做到 □	没有做到 □
打招呼（不同位置用不同的招呼语）	发音清晰，有礼自信 □	发音清晰有礼 □	声音语气一般 □	没有做到 □
微笑或点头示意	亲切舒服，有诚意 □	亲切舒服 □	偶有笑容 □	无笑容 □

续 表

目光接触	有诚意，有自信 □	有诚意 □	偶有目光接触 □	无目光接触 □
手势指引	大方有礼，有诚意 □	大方有礼 □	有手势指引 □	无手势指引 □

（2）售中部分

总分45分	优秀（5分）	良好（5分）	一般（2分）	很差（0分）
寻找客人亮点	真诚恰当地夸赞顾客的优点 □	恰当夸赞顾客 □	有夸赞顾客 □	没有夸赞顾客 □
主动询问顾客需要	有技巧地主动询问引发顾客兴趣 □	有技巧主动发问 □	无技巧主动发问 □	没有询问 □
清楚介绍货品的卖点和好处	清楚详细地介绍货品卖点和好处 □	清楚介绍货品好处 □	简单介绍货品 □	没有介绍 □
正确回答客人异议	回答清晰，有礼自信 □	有礼回答 □	有回答 □	没有回答 □
鼓励客人试穿	发音清晰，热情有礼 □	发音清晰有礼 □	有鼓励客人试穿 □	未鼓励客人试穿 □
为客人提供试穿服务	周到有礼，热情帮助顾客试穿 □	有帮助客人试穿 □	只有简单手势指引 □	没有提供服务 □
为客人进行备选（附加推销）	按顾客需求积极备选，引发顾客兴趣 □	根据顾客需求积极备选 □	有备选 □	无备选 □

续 表

询问顾客姓氏并有礼称呼	热情有礼询问顾客姓氏，顾客回应 □	有礼询问顾客姓氏 □	有询问顾客姓氏 □	没询问 □
适时介绍活动（促销或贵宾卡）	发音清晰，适时有礼介绍活动 □	适时介绍活动 □	有介绍活动 □	没有介绍 □

（3）售后部分

总分25分	优秀（5分）	良好（4分）	一般（2分）	很差（0分）
有礼安排客人付款	周到有礼安排客人付款，适时介绍活动 □	有礼安排客人付款，有介绍活动语言 □	有礼安排客人付款 □	没有介绍 □
提供修改服务	有礼周到地为顾客提供修改服务 □	有礼的为顾客提供修改服务 □	能提供修改服务 □	不知道或不能为顾客提供修改服务 □
留取客人资料	有礼邀请顾客留取资料，顾客给予回应□	有礼邀请顾客留资料 □	有留取顾客资料 □	未邀请顾客留资料 □
适时推荐自己	适时推荐自己，顾客给予回应 □	适时推荐自己 □	有推荐自己 □	没有推荐自己 □
礼貌送宾	发音清晰，有礼热情 □	有礼貌地送宾 □	有送宾语 □	无送宾语 □

通过这三部分的评分制度，门店就能更好地掌控服务质量，提高客户满意度。

第三节 店铺线下服务台作业管理

1. 接听电话

电话是现代人与人之间进行交流和沟通的便捷工具。在没有电话的时代，事必躬亲，很可能为了讲一句话而必须千里迢迢地登门拜访。现在，通过电话就能立刻与对方进行沟通。在商业领域，通过电话行销，能够使店铺的整体工作效率大幅度提高。

由于电话的应用在商业活动中越来越广泛，因此，店铺的相关人员非常有必要掌握一些电话的接听技巧，如注意在接听过程中保持亲切和气的态度、确定来电目的、确定来电者的身份等。

（1）左手持听筒，右手拿笔

大多数人习惯用右手拿起电话听筒，但是，在与顾客进行电话沟通过程中往往需要做必要的文字记录。在写字的时候一般会将话筒夹在肩膀上面，这样，电话很容易夹不住而掉下来发出刺耳的声音，从而给顾客带来不适。

为了消除这种不良现象，应提倡用左手拿听筒，右手写字或操作电脑，这样就可以轻松自如地达到与顾客沟通的目的。

（2）电话铃声响过三声之前接听电话

在店铺内部，很多员工由于担心处理方式不妥当而得罪顾客，从而招致店主的责备，因此，很多人都把电话当作烫手的山芋，抱有能不接电话就尽量不接电话的情绪。实际上，跟顾客进行电话沟通的过程也是对员工能力的锻炼过程。只要养成良好的接听习惯，接电话并不是一件困难的事情。通常，应该在电话铃声响过两声之后接听电话，如果电话铃声三响之后仍然无人接听，顾客往往会认为这个店铺的店员精神状态不佳。

（3）报出店铺名称

在电话接通之后，接电话者应该先主动向对方问好，并立刻报出本店铺的名称，如：“您好，这里是××店铺……”随着年龄的增长，很多人的身价会越来越放不下来，拿起电话往往张口就问：“喂，找谁，干吗……”这是很不礼貌的，应该注意改正，彬彬有礼地向顾客问好。

（4）确定来电者身份姓氏

接下来还需要确定来电者的身份。电话是沟通的命脉，很多规模较大的店铺的电话都是通过前台转接到内线的，如果接听者没有问清楚来电者的身份，在转接过程中遇到问询时就难以回答清楚，从而浪费了宝贵的工作时间。在确定来电者身份的过程中，尤其要注意给予对方亲切随和的问候，避免对方不耐烦。

（5）听清楚来电目的

了解清楚来电的目的，有利于对该电话采取合适的处理方式。电话的接听者应该弄清楚以下一些问题：本次来电的目的是什么？是否可以代为转告？是否一定要指名者亲自接听？店铺的每个员工都应该积极承担责任，不要因为不是自己的电话就心不在焉。

（6）注意声音和表情

沟通过程中表现出来的礼貌最能体现一个人的基本素养，养成礼貌用语随时挂在嘴边的习惯，可以让顾客感到轻松和舒适。因此，接听电话时要注意声音和表情。声音好听，并且待人亲切，会让顾客产生来购物的冲动。不要在接听电话的过程中暴露出自己的不良心情，也不要因为自己的声音而把店铺的金字招牌践踏在脚底下。

（7）保持正确姿势

接听电话过程中应该始终保持正确的姿势。一般情况下，当人的身体稍微下沉，丹田受到压迫时容易导致丹田的声音无法发出；大部分人讲话所使用的是胸腔，这样容易口干舌燥，如果运用丹田的声音，不但可以使声音具有磁性，而且不会伤害喉咙。因此，保持端坐的姿势，尤其不要趴在桌面边缘，这样可以使声音自然、流畅和动听。此外，保持笑脸也能够使顾客感受到你的愉悦。

（8）复诵来电要点

电话接听完毕之前，不要忘记复诵一遍来电的要点，防止记录错误或者偏差而带来的误会，使整个工作的效率更高。

（9）最后道谢

最后的道谢也是基本的礼仪。实际上，顾客是店铺的衣食父母，店铺的成长和赢利的增加都与顾客的来往密切相关。因此，员工对顾客应该心存感激，向他们道谢和祝福。

（10）让顾客先收线

在打电话和接电话过程中都应该牢记让顾客先收线。因为一旦先挂上电话，对方一定会听到“咔嗒”的声音，这会让顾客感到很不舒服。因此，在电话即将结束时，应该礼貌地请顾客先收线，这时整个电话才算圆满结束。

2. 拨打电话

主动拨打电话即给顾客打电话的时候，需要注意什么问题呢？在主动拨打电话之前，可以先打一个腹稿，有所准备，这样可以节省打电话的时间，同时这也是一个非常好的商务习惯。

因为你并不知道接电话的人正在忙什么，在通话之前做到心里有数，可以有效地节省时间，并能够提高电话沟通的效率。腹稿打好之后，应该做一个简单的寒暄，然后迅速直奔主题，不要闲聊天，东拉西扯，偏离你要表达的主要意思。

（1）拨打电话的顺序

①准备

注意事项：确认拨打电话方的姓名、电话号码；准备好要讲的内容、说话的顺序和所需要的资料、文件等；明确通话所要达到的目的。

②问候、告知自己的姓名

注意事项：一定要报出自己的姓名，讲话时要有礼貌。

③确认电话对象

注意事项：必须要确认电话的对方；如与要找的人接通电话后，应重新问候。

④电话内容

注意事项：应先将想要说的结果告诉对方；如是比较复杂的事情，请对方做记录。

对时间、地点、数字等进行准确的传达；说完后可总结所说内容的要点；使用“今天打电话是想向您咨询一下关于××事……”的用语。

⑤结束语

使用“谢谢”“麻烦您了”等用语；语气诚恳、态度和蔼。

⑥放回电话听筒

（2）拨打电话的注意事项

①理清自己的思路

当你拿起电话听筒之前，应先考虑一下自己想要说些什么？不要在毫无准备的情况下，给他人打电话，你可以在自己的脑海中设想一下要谈的话题或草草写下想说的事情。

②立即表明自己的身份

当你拿起电话时，首先道出自己的身份以及自己所属的组织的名称。然后以“您好”“你最近怎样？”或者“一切都还顺利吗？”或类似的问候作为你们谈话的开场白。称呼对方的名字，以便让对方了解到你知道其名字，缩小你们的距离感。

③确定对方是否具有合适的通话时间

当你给他人打电话时，他们也许正忙于自己的某一事情。你应当表明自己尊重他们的时间，并给他们足够的时间做适当的调整。你可以在开始讲话时向对方问一下：“您现在接电话方便吗？”“您现在忙吗？”“您现在有时间同我谈话吗？”“这个时候给您打电话合适吗？”等等。

④表明自己打电话的目的

当你接通电话时，立即向对方讲明自己打电话的目的，然后迅速转入所谈事情的正题。职业专家们认为，商场上的机智就在于你能否在三十秒内引起他人的注意。

⑤给对方足够的时间做出反应

即便你想迅速解决某一紧急的事务，也应该给对方足够的时间，让他们对你的要求做出反应。如果你拿起电话说个不停，就会使对方误以为你正在朗读材料呢。

⑥避免与旁人交谈

当你打电话时，如果你中途还在与身边的其他人说话，这是极不礼貌、非常不合适的行为。如果你这时有一件更加重要的事情需要处理，你应该先向对方道歉，并讲明理由，然后以最短的时间处理完这些事情，不要让他人久等。如果你考虑到对方等候的时间可能会长，你可以向对方道歉，简短地说明理由然后礼貌性地回复一会儿可以再打过去。但在你打电话时，最好要避免这种情况的发生。

3. 退换商品服务

顾客要求退换商品时，售货员应该尽量按照顾客提出的要求去做。当实在不能为顾客退换时，应该尽量把理由讲清楚，说明不能退换的原因，以取得顾客的谅解。购买的时间较长，没有发货票的，或者质量、形状有了变化的商品等情况，能不能退换，应取得店长的意见后再定。

（1）退换货工作流程

①营业前

退换货人员领用退/换货单，并在登记本上签名。

清洁服务台卫生并检查相关文具是否准备妥当。

②营业中

顾客持销售小票以及商品在指定期间内到退换货服务台办理。

若不符合标准，委婉谢绝顾客的退换货要求。

退换货区人员审查该商品是否符合退换货标准。

若符合退换货标准，则：请顾客出示小票，客服部人员核对商品与小票是否相符。客服部人员填写《顾客退换货单》一式三联，双方签字（一联转财务，二联转顾客，三联转部组）。

使用注意事项：退换货单必须按流水号使用，不能跳号；每退换一件商品须在“退换货汇总表”上登记。

③营业结束之后

楼面主管到退换货区签收退换商品（营业中也可以签收，时间依实际情况定）。

当班退换货人员将退换货单做一份“每日退换货统计表”，可以详细了解当天退换货商品的件数及金额。

（2）退换货注意事项

①批准权限

退货金额在1000元以下的由客服部人员办理退货手续，退货金额在1000元以上的由经理签字后方可办理退货手续（经理不在时由卖场值班经理签字）。

②退换货异常情况及其处理

员工退换货处理：必须请示经理。

顾客没有销售小票处理：必须请示经理。

包装不完整或已破损处理：请示经理处理。

专业性较强的商品需退换货处理：通知相关部门主管出来检查并处理。

收银员结账错误如多打、贴错条码等处理：请防损部门核实情况，同时收银部主管及客服部主管签名才予以退款。

顾客想换同种牌子不同货号之商品处理：则请顾客先购后退掉原来的商品货款。

冷冻及生鲜食品的退换货须立即通知相关部门主管至服务台处理。

4. 赠品发放服务

（1）赠品发放具体工作内容

服务台备足赠品，为顾客发放赠品并做记录，做到快而不失仔细。

每天赠品账目记清，把该发的赠品发放到顾客手里。

把每期快讯上有赠品的商品整理出来，及时地把赠品提上发放给顾客。

活动结束后，将未发完的赠品退库，并办理退库手续。

每天工作结束后，核查实物，做到账物相符。

每天交接班时，把新来的赠品交接给予下一个班。

经常把存放赠品的地方打扫干净，摆放整齐。

将出现的问题以最快、最好的方式解决，解决不了的及时向经理汇报。

（2）发放赠品的流程

赠品的发放通常有三种形式，即随商品包装、厂商驻店发派、客服部赠品发放处派发。

①赠品的收货

厂商送来赠品后，由收货区与客服部一并点收，并放入赠品仓库，凭

“赠品收货单”入赠品本。

②领取赠品

赠品区人员填写领料单，经部门主管批准后，一同去仓库领出赠品，并在账本的“贷方”位置做领出的记录。

③发放赠品

顾客持购物小票至赠品区领取，工作人员在“赠品控管表”上做派发的登记，注明流水号、机台、数量、经办人，并在购物小票上盖“赠品已送”的印章。

④赠品的账目

每天发放的赠品品名、数量都须依据“赠品控管表”上的记录进行入账，贵重赠品每天盘点，其余赠品一月大盘一次。

⑤赠品的转货及报废

存放长时间且不再派发的赠品，通知主管进行处理，填写“存货更正单”，否则，由客服部自行处理。

已变质或破损之赠品，需填写“报废单”经部门经理批准后进行报废。

⑥稽核

每日客服主管核对前一日电脑销售与赠品派发数量进行核对，若有出入，查询原因并处理。

注：负责赠品发放相关工作的人员或店内员工不可私自将赠品作为私用，否则应给予其经济处罚。

5. 团队购物服务

一般店铺都会适时地开通“团体购物”业务，只要几个人组合或一次性购物多少以上，就会有特别优惠送给顾客。作为店铺的团体购物用户，在本店铺所订购的商品将会在各个环节上充分享受到优先服务。包括：

①订单将被优先处理，优先配送次顾客所订购的商品。

②此顾客所订购的商品还能享受特别折扣。

③此顾客在以后店铺开通的其他服务中也将享有优先权。

6. 物品寄存服务

（1）存包处存包员岗位职责

①负责顾客物品的暂存、保管。

②对暂存物品的安全负责。

③负责保管存包牌。

④晚班存包柜工作人员应仔细核查发出存包柜的牌号是否回收，缺失部分作废，处理柜内仍有物品，请将其记录在“顾客过夜包登记表”。

⑤每日早、晚班人员应做存包区的卫生清洁工作。

⑥存包柜的备用钥匙由主管保管，顾客遗失存包牌需开柜时，必须与主管联系。

⑦存包工作人员要尽职尽责，认真核对号码牌，不能利用工作之便盗取顾客的物品，一经查出，予以开除处理。

（2）注意事项

①事先告知顾客必须在当天营业日结束前取出所寄物品。

②告知顾客万一丢失存包牌，应该立即与存包处联系。

③须提醒顾客在寄存前后，仔细检查随身物品。

7. 提供广播服务

一些大型店铺须设立广播中心，为顾客提供广播服务。

（1）广播中心须知

职能：负责卖场的音乐气氛，宣传本店铺的各项促销特价信息以及为顾客提供广播服务。

分类：促销广播、音乐广播、服务广播。

要求：促销广播每隔一段固定时间广播一次，先写好广播词，默念熟悉广播词之后再对外广播。卖场音乐以轻松欢快及节奏感较强的音乐为主，根据客流量来控制卖场的气氛。

（2）广播中心工作人员职责

努力提高本身的业务素质。努力要求自己成为一位合格标准的播音员，多注意播报内容时，要吐字清晰，克服不良情绪保持心情喜悦，严格按照店铺有关礼貌用语的要求来播音。

学会根据客流量播放适当的音乐。根据客流量的不同，时间段的不同来选择不同的音乐进行播放，高峰期播放节奏明快的音乐，让顾客加快购物步伐，让下一轮顾客进场。非高峰期，播放缓和的音乐，留住顾客，让顾客长久地留在店铺内购物。

充分利用促销广播来促销商品。我们要利用广播将不好销售的商品推销出去，充分发挥其作用。

要为顾客排忧解难，充分发挥服务广播的作用。顾客在购物过程中，有时会因为不小心，丢失物品或朋友跟丢的情况，广播员应帮助顾客尽可能找回丢失的物品或走散的朋友，要安慰顾客不要着急并及时为其排忧解难，给其提供方便。

（3）广播时的背景音乐

一般店内顾客较少时放慢节奏音乐，给人以悠闲之感觉；人多时放快节奏音乐，以使顾客加快购物节奏；节庆时放喜庆音乐；营业开始时播放迎宾曲；营业结束时播放晚安曲。

（4）广播内容

①迎宾词

例：各位顾客，早上好（中午好、下午好、晚上好）！欢迎光临××店铺！（每隔5分钟广播一次，连播二次）

②提示语

提醒顾客注意财产及人身安全等。

③商品介绍

为顾客介绍新到店商品及促销商品等，方便顾客购买。

④寻物

例：各位顾客、各位同事，请注意！如果您拾到一个×××，请将它交至服务台处，谢谢您的合作。谢谢！（连播两次）

⑤失物招领（收到失物后，连播两次）

例：各位顾客、各位同事，请注意！如果您丢失了一个×××，请立刻到服务台（或发票台、××号收银台）认领。谢谢！

⑥找人

找人广播只为顾客服务，工作人员的寻找请用内线联系，特殊情况由前台经理同意方可播送。

⑦整点报时

例：亲爱的顾客朋友们，现在是北京时间×点整，××店铺全体员工欢迎您的光临，祝您购物愉快。

（5）广播服务规范

①以甜美的微笑服务，微笑要温和友善，自然亲切，恰到好处，给人以愉快、舒适、动人的感觉。

②以真诚的微笑服务，微笑要发自内心，要是内心喜悦的真实流露。

③每位员工在任何时候，任何场合，对任何人都应微笑相待。

④培养敬岗、乐业的思想，同时加强心理素质的锻炼，提高自控力，工作时，要克服不良情绪，保持心情喜悦。

⑤广播时不要左顾右盼，不得用瞪、盯、睃等不礼貌的目光。

⑥严格按礼貌用语的要求来播音。

⑦分清广播内容的轻重缓急，按流程要求进行播音。

⑧将广播信息分类、整理后，获得主管人员的许可方可播放。

8. 物品招领服务

凡交到店铺的遗失物品，店铺应通过广播招领，并根据遗失物品相关信息与失者联系，如在一定期限内尚未找到失主，店铺应负责将遗失物品上交相关部门。一般处理步骤为：

①如拾到物品，应及时通知广播室播出。播出标准：不应播出失物的全部特性，只播出失物的表性特征。

②如果有顾客听到播音认领物品，应先询问顾客丢失物品的特征，述诉吻合，将丢物交与顾客（防止错领或冒领），并请顾客当面查验。

③广播播出后无人认领的失物，应交与在班领导，由在班领导寻找线索，联系失主。

④对无人认领的物品，交报上级部门。

9. 其他服务

（1）代客提物

顾客购买的大件商品，营业员应负责送运至楼下；

顾客服务部员工应负责为领取多种赠品无法提拿的顾客将赠品送至楼下。

（2）饮水机服务

饮水机的备品准备：在店铺内放置饮水机，由专人检查纸杯的存放情况，发现数量不足及时补充。

水的更换：由专人检查饮用水是否充足，水量不足要及时更换，不可有空桶情况。

安全的掌握：每天营业结束后由专人负责切断饮水机电源，并在第二天营业开始前接通；随时检查饮水机入水口、出水口及周边卫生状况，确保水源清洁。

(3) 休息区服务

对于一些有条件的店铺，最好在店内为顾客设置休息区。并在休息区内设立书报架，配备一些时尚、健康、旅游、时事等报纸或杂志供顾客免费阅读。

第四节 店铺顾客投诉的类型与处理

1. 对卖场商品的投诉

当顾客在店铺的购物行为无法得到满足时，很自然就会产生抱怨，甚至前来投诉。报怨的原因可能是来自商品，也可能来自服务或安全。抱怨一旦产生，不论是对顾客，或是对店铺而言，都是一个不愉快的经验。

店铺的主要功能就是售卖各式各样的日常用品，因此消费者对所购买的商品发生不满意的情况最为常见。其抱怨的原因有下列几种情形：

价格：店铺售卖的商品大部分为非独家销售的民生消费品，顾客对这些商品的价格都相当敏感。因此，在价格方面，绝大部分是顾客抱怨该店铺某项商品的定价较其他竞争店的定价高，而要求改善。

品质：有些商品品质的好坏并无法从外观发现，往往是顾客买回去之后才发现商品的品质不佳。例如：生鲜品的味道、颜色、肉质呈现不鲜的情况，干货类的商品内部有变质。出现异物，或者食用后发生腹泻及食物中毒的现象。

残缺：例如商品买回去之后，发现零配件不齐全，或是商品有瑕疵等。

过期：顾客发现所购买的或是放在货架上的待售商品，有超过有效日期的情形。

标识不符：顾客对标识不符抱怨的有下列情形：进口商品未附有中文标识；中文标识上的制造日期与原装商品上打印的制造日期不符；商品上的价格标签模糊不清楚；商品上有数个价格标签；商品价格标签上的标识与单上的价格不符；商品本身外包装上的说明不清楚，例如：没有制造日期，没有用途说明，或其他违反商标法的情形。

缺货：常发生特价品或降价品因销售情况佳，以致商品卖完又不及时补货的缺货现象，或是店内没有售卖顾客想要购买的商品致使顾客多跑一趟。

2. 对卖场服务的投诉

一般会导致顾客抱怨的情况有下列几种：

①工作人员态度不佳：例如，不理会顾客的询问要求，回答顾客的语气有不耐烦、敷衍，或是出言不逊的现象。

②收银作业不当：收银人员货款登录错误造成多收货款，少找钱给顾客；遗漏顾客的商品；或是等候结账的时间过久，等等。

③服务项目不足：大件商品不提供送货服务、提货服务，缺少洗手间场所或其他形式的额外服务。

④现有服务作业不当：例如，店铺提供寄物服务，却让顾客寄放的物品遗失及调换的情形发生；抽奖及赠品等促销作业不公平；填写店铺提供的顾客意见表未得到任何回应，或者顾客的抱怨未得到妥善的处理等。

⑤取消原来提供的服务项目：例如，店铺取消特价宣传单的寄发、礼券的发售，或是中奖发票购物方法等。

3. 对卖场环境的投诉

店铺卖场环境直接影响着消费者的购买心情。光线柔和、色彩雅致、整洁宽松的环境常使顾客流连忘返。顾客对店铺卖场购买环境的投诉主要有以下原因：

光线太强或太暗。卖场中基本照明的亮度不够，使货架和通道地面有阴影，顾客看不清商品的价格标签；亮度过强，使顾客眼睛感到不适，也会引来他们的投诉。

温度不适宜。卖场的温度过高或过低，都不利于消费者浏览和选购。我国北方10月下旬就已是寒风阵阵了，而室内暖气11月中旬才开始供暖，店铺市场里如果不开空调，石材铺就的地面，更加寒气逼人，无疑就会缩短顾客停留的时间；冬去春来，气候变化无常，乍暖乍寒，没有及时地调整卖场的温度，就会影响顾客的购买情绪。

地面过滑。店铺卖场的地面太滑，顾客行走时如履薄冰，老年顾客以及儿童容易跌倒，很容易引起顾客的投诉，有时还会招来法律纠纷。

卫生状况不佳。例如：卖场不整洁，没有洗手间或洗手间条件太差等。

噪声太大。理货员补货时大声喧哗，商品卸货时声音过响，店铺卖场的扩音器声音太响等，都会引起顾客的反感和投诉。

电梯铺设不合理。店铺出入口台阶设计不合理，卖场内的上下电梯过陡等。

店铺卖场外部环境的不合理。停车位太少；停车区与人行通道划分不合理，造成顾客出入不便等。

4. 处理投诉程序

（1）顾客投诉的受理

由店铺管理部专门受理顾客的投诉，并填写顾客投诉处理表（见表3-2）。其他职能部门（人员）接到投诉，应在2个有效工作时内转交管理部，由管理部统一受理。

各管理处主任和管理员为各管理处受理投诉的有效责任人，其他人员接到投诉后，应在 15 分钟内送达责任人。

（2）投诉的识别

有效投诉：指顾客对店铺提供服务的内容、承诺及服务质量的投诉。

无效投诉：指顾客对店铺服务承诺范围以外的投诉。

（3）管理部对有效投诉的处理

接诉人填写《顾客投诉处理登记表》，对需管理处处理的投诉应填写《顾客投诉转交签认单》，并在 2 个有效工作时内转交相关管理处，由相关管理处负责处理，并在处理完后 8 个工作时内将处理结果反馈给管理部。

有效投诉需要 2 个以上部门共同处理时，由管理部统一协调处理。

对于严重有损于店铺形象的重大投诉，由管理部核定确认并提出处理意见，报管理者代表审批。

（4）管理部对无效投诉的处理

管理部接到其他无效投诉，由接诉人填写《顾客投诉处理登记表》，并在 4 个有效工作时内向投诉人做好解释工作。

（5）顾客投诉回访

凡由管理部或管理处受理的投诉，自投诉处理过程结束时起，由管理部或管理处在 3 日内采取上门回访、电话回访的方式进行回访验证，并填写《访问顾客记录表》。

表 3－2　　顾客投诉处理表

<table>
<tr><td>顾客姓名：</td><td>投诉日期：</td><td>投诉时间：</td></tr>
<tr><td>联系电话：</td><td>顾客地址：</td><td>类别：</td></tr>
<tr><td colspan="3">投诉内容：

记录人：</td></tr>
</table>

续 表

店长处理意见：
部门处理意见：
问题解决：
顾客回访：
顾客评语：

5. 处理顾客投诉的方式

对顾客投诉的处理主要有电话处理、信函处理、上门面谈处理、现场处理四种方式。

（1）电话处理投诉

正由于电话投诉简单迅捷的特点，顾客往往正在气头上时会选择电话投诉。这样的投诉常具有强烈的感情色彩。而且处理电话的时候看不见对方的面孔和表情，这些都为电话处理抱怨增添了难度。

因此在电话处理投诉时要特别小心在意。要注意说话的方法、声音、声调等，做到明确有礼。这时必须善于站在对方立场来着想，考虑如果我在对方同样的状态之下，会有怎样的心情。无论对方怎样感情用事，都要重视对方，不要有有失礼貌的举动。

除了自己的声音外，也要注意避免在电话周围的其他声音，如谈话声和笑声传入电话里，使顾客产生不愉快的感觉。从这方面看来，投诉服务电话应设在一个独立的房间，最低限度也要在周围设置隔音装置。

①把握顾客的性格取向

无论是投诉处理还是提供令顾客满意的服务，重要的一点就是努力透析顾客心理。在电话处理顾客投诉时，唯一的线索就是顾客的声音，因此必须通过声音信息来把握顾客心态，了解顾客的性格取向。要点如下：

- 说话语调一成不变的人，具有正直的性格。
- 说话语调没有力气，语尾不明了的，是羞怯胆小者。
- 说话的语音有抑扬，好像在唱歌似的人，不是空想家便是浪漫主义者。
- 语气稍沉，吞吞吐吐，小心说话的人，心中怀有疑虑或生性多疑。
- 语气有力，毫不客气的，是勇敢而精力充沛的人。
- 用尖锐的声音说话的人，具有孩子气的性格，是没有自我认识的人。

- 说话时虽然有力，却经常喃喃细语者，是享乐性格较强的人。
- 以粗暴的声音，爱责骂人者，是性格较为粗野的人。

当然，人是多种多样，即使同一个人在不同情势下说话的方式也不一样。所以上述列举的顾客类型要注意灵活应用，不能一概而论。

②电话处理投诉的原则

- 对于顾客的不满，应能从顾客的角度来考虑，并以话语安慰顾客。
- 以恭敬有礼的态度对待顾客，使对方产生信赖的感觉。
- 采取客观的立场，防止主观武断。
- 稍微压低自己的声音，给对方以沉着的印象，但要注意不要压得过低使对方觉得疏远。
- 注意以简洁的词句认真填写顾客投诉处理卡，不要忽略诸如 WHO（谁）、WHAT（什么）、WHY（为什么）这样的重点项目。
- 如果收到打长途提出投诉的情况，可以请对方先挂断，再按留下的号码给对方打回去。这样做，有很多优点：节省对方的电话费用，以“为对方着想”的姿态使对方产生好感；借此确认对方的电话号码，避免不负责任的投诉；遇到感情激愤的顾客，可以借此缓和对方的情绪。但要注意立即就打回去，否则会使对方更加激愤。
- 在电话中听到对方姓名、地址、电话号码、商品名称等重要事情，必须重复确认，并以文字记录下来或录入电脑。同时，要把处理人员的姓名、机构告诉对方，以便于对方下次打电话来时联络比较方便。有些人在接听电话的开始就报上了姓名，这是好事，但顾客往往并不一定能够记下这个名字，所以在结尾时再告诉一次比较稳妥。
- 投诉处理是与顾客直接进行沟通的，这样不仅能获取宝贵信息，有利于营销业务的展开，而且可以借此传递店铺形象，启发顾客，建立更深的信任与理解。

• 如果有可能，把顾客的话录下来，这样不仅在将来有确认必要时可以用上，而且也可以运用它来作为提升业务人员应对技巧、进行岗前培训的资料。

（2）信函处理投诉

信函处理投诉是一种传统的处理方式，它通常是针对从外地寄来的投诉案件、不易口头解释的投诉事件；书面的证据，成为问题解决上不可缺少的必要条件时；按照法律规定，必须以书面形式解决的。

对店铺而言，通过信函处理投诉要花费更多的人力、制作和邮寄费用，成本较高。而且信函往返需要一定时间，使处理投诉的周期拉长。以下为信函处理投诉的一些注意事项。

①必须不厌其烦地处理

当收到消费者利用信函所提出的投诉时，工作人员就要立即用明信片通知收到，这样做可以让顾客安心。为尽可能使顾客方便，处理人员要在信函往来中，把印好店铺地址、邮编、收信人或机构的不粘胶贴纸附于信函内，便于顾客的回函。如果顾客的地址电话不是很清楚，那么不要忘记在给顾客的回函中请顾客详细列明通信地址及电话号码，以确保给顾客的回函能准确送达对方。

②清晰、准确地表达

信函一般采用打印的形式，必须有针对性，如果许多投诉相类似，也可把这些问题综合起来，打印成统一格式的信函分别寄出。措辞上要亲切、委婉，让对方有亲近感。表达方面尽量少用法律术语、专用名词、外来语及圈内人士的行话，尽量使用结构简单的短句，形式上灵活多变，使对方一目了然，容易把握重点。

③必须妥善处理

由于书面信函具有确定性、证据性的特点，所以在寄送前，切勿由个人草率决断，应与负责人就其内容充分讨论再作决断。特别是店铺分部、营业点的投诉处理人员，在执行此类任务时，必须与总部的负责人进行周密磋商后再实行。有时还需要与店铺的法律顾问、律师等有关专家沟通意见。

回函为表示慎重的态度，常以店铺总经理或部门负责人的名义寄出，并加盖店铺公章。当顾客是通过消费者保护机构书面提出投诉时，就更需谨慎处理了。原因在于店铺回函的内容，很可能成为这类机构处理中的一个案例，或作为新闻机构获取消息的来源。

④归档归类

在处理来往函件时，应进行一一编号并保留副本。把这些文件及时传送给有关部门，使它们明确事件的进程与结果。

把信函送给顾客时，就要把其时间和内容做成备忘录，并把它填写于追踪表。这样，即使该事件的主要负责人更换，也能够对该事件进程一目了然，并可满足公司相关人员的咨询要求。

等到该事件处理完毕时，要在追踪表上注明结束时间，盖上“处理完毕”的印章，并把相关文件资料存档。

(3) 上门面谈处理顾客投诉

通常不能由电话和信函加以解决，需要处理人登门拜访的顾客投诉，是性质比较严重、店铺方面责任较大的顾客投诉案件。这种情形对处理人员是严峻的考验。

在上门之前，要慎选处理人员，并预作充分准备。最好不要个人前往，以2~3人为宜。预先的调查要收集对方的服务单位、出身地点、毕业学校、家庭构成及兴趣爱好等各方面的信息。这样有利于与对方进行有效沟通。

然而，当进入实质性面谈时，必须以轻松的心态，情绪不要过于紧张。要把握如下的要点：

①拜访前预先以电话约定时间。如果对顾客的地址不是很清楚，则应

问明具体地点，以防止在登门过程中因找不到确切地点而耽误了约定的时间，使对方产生不良的第一印象。

②注意仪表。以庄重、朴素而整洁的服装为宜，着装不可过于新奇和轻浮。如果是女性业务人员去拜访顾客，注意不要化过浓的妆，要显得朴素、大方而不失庄重。

③有礼貌。见面时首先要双手送上名片，以示对对方的尊重。通常随身要带些小礼品送给顾客，但注意价值不要太高，以避免使顾客产生“收买”的感觉。

④态度诚恳。言辞应慎重，态度要诚恳。无论对方有什么样的过激言辞，都要保持冷静，并以诚心诚意的用词来陈述本公司的歉意。但在许诺时要注意不得超越自己的授权范围，使对方有不切实际的期望值。

⑤不要随意中断拜访。登门拜访顾客的情况下，处理人员应是预先做好充分考虑和准备的，因此拜访要达到何种目的是非常明确和慎重的。所以要争取以一次拜访就取得预期效果，不要轻易中断拜访。要知道，一次不成功的拜访其不良影响要远远超过根本不做拜访。

⑥在拜访中，不要过多地用电话向上司请示。这样给顾客一种感觉：店铺是派了一位任何事都要向上司请示的低层人士来处理这件事，从而对店铺更添不信任感。

⑦带着方案去。登门拜访前，一定要全面考虑问题的各种因素，预先准备一个以上的解决方案供顾客选择，让顾客看到企业方面慎重、负责的态度，这对于解决问题具有至关重要的作用。无论什么时候，都不要盲目地仓促上门拜访，这样会使顾客因无谓地浪费了时间而更加不满。

（4）现场处理投诉

顾客有时不会用信函或电话投诉，而是不惜时间和精力亲自上门提出投诉，他们的不满可能更严重，或对投诉处理的期望值更高。面对这样的直接来访者，店铺必须展现出高效率工作的一面，做好现场处理，尽量能迅速解决问题，使顾客离开店铺时有所收获。

与顾客现场处理面谈的地点以店铺专用的会客室或投诉室为宜，处理的人不要过多，以 2 ~ 3 人比较适合。

现场处理面谈时，要掌握如下要领：

创造亲切轻松的气氛，以缓解对方内心通常会有的紧张心情。

注意听取顾客的怨言。

态度诚恳，表现出真心为顾客着想的意图。但同时要让对方了解自己独立处理的授权范围，不使对方抱过高的期望。

把顾客投诉中的重要信息详细记录下来。

中途有其他事情时，尽量调整到以后去办，不要随意中止谈话。

在提出问题解决方案时，应让顾客有所选择，不要让顾客有“别无选择”之感。

尽量能在现场把问题解决。当不能马上解决问题时，应向顾客说明解决问题的具体方案和时间表。

面谈结束时，确认自己向顾客明确交代了店铺方面的重要信息以及顾客需再次联络时的联络方法、部门或个人的地址与姓名。

6. 化解顾客投诉的技巧

如果顾客的投诉没有得到很好的处理，顾客就会转而购买竞争对手的产品。顾客也会将他的不愉快经历转告亲朋与同事。没有顾客投诉当然是好事，但当有投诉时，我们有责任认真对待，并让顾客感到自己是受欢迎的，而且，店铺也非常愿意帮助他解决问题。

（1）先处理情感，后处理事件

美国有一家汽车修理厂，他们有一条服务宗旨很有意思，叫作“先修理人，后修理车”。什么叫“先修理人，后修理车”呢？一个人的车坏了，他的心情会非常不好，你应该先关注这个人的心情，然后再关注汽车的维修，“先修理人，后修理车”讲的就是这个道理。

可是这个道理很多服务代表都忽略了，往往是只修理车，而不顾人的感受。因此正确处理顾客投诉的原则，首要的就是“先处理情感，后处理事件”。

（2）耐心地倾听顾客的抱怨

倾听是解决问题的前提。在倾听顾客投诉的时候，不但要听他表达的内容，还要注意他的语调与音量，这有助于了解顾客语言背后的内在情绪。同时，要通过解释与澄清确保自己真正了解了顾客的问题。例如，在你听了顾客反映的情况之后，你紧接着向顾客解释一遍：

“王先生，来看一下我理解得是否正确。您是说您一周前买了我们的传真机，但发现有时会无法接收传真。我们的工程师已上门看过，但测试结果没有任何问题。今天，此现象再次发生，您很不满意，要求我们给您更换产品。”向顾客澄清：“我理解了您的意思吗?”

认真倾听顾客的心声，重申顾客所表达的意思并请教顾客我们的理解是否正确，多向顾客显示你对他的尊重，这样既能体现出店铺工作人员的服务水平，又给顾客提供了一个重新审视自己意见的机会，便于双方进一步沟通交流。

化解顾客投诉需要了解顾客不满的真正原因，然后有针对性地采取解决的办法，然而了解投诉原因并不是一件简单的工作，处理人员除了需要掌握倾听的技巧外，还要善于从顾客表情和身体的反应中把握顾客的心理，了解顾客的真实意图。

所谓顾客的反应，就是当业务人员与顾客交谈时，对方脸上产生的表情变化或者态度、说话方式的变化。

就表情而言，如果顾客的眼神凌厉，眉头紧锁，额头出汗，嘴唇颤抖，脸部肌肉僵硬，这些表现都说明顾客在提出投诉时情绪已变得很激动。在语言上，他们通常会不由自主地提高音量、语意不清、说话速度加快，而且有时会反复重复他们的不满。这些说明顾客处在精神极度兴奋之中。就顾客身体语言而言，如果身体不自觉地晃动，两手紧紧抓住衣角或其他物品，则表明顾客心中不安及精神紧张；有时顾客的两手会做出挥舞等激烈的动作，这是顾客急于发泄情绪，希望引起对方高度重视的不自觉的身体表现。

真正处理顾客投诉的原则是：开始时必须耐心地倾听顾客的抱怨，避免与其发生争辩，先听他讲。

(3) 想方设法地平息顾客的抱怨

由于顾客的投诉多数属于发泄性质，只要得到店方的同情和理解，消除了怨气，心理平衡后事情就容易解决了。因此，作为一名营业员，在面对顾客投诉时，一定要设法搞清楚顾客的怨气从何而来，以便对症下药，有效地平息顾客的抱怨。

对于顾客的抱怨应该及时正确地处理，拖延时间，只会使顾客的抱怨变得越来越强烈，让顾客感到自己没有受到足够的重视。

例如，顾客抱怨产品质量不好，店铺通过调查研究，发现主要原因在于顾客对产品使用不当，这时应及时地通知顾客维修产品，告诉顾客正确的使用方法，而不能简单地认为与店铺无关，不予理睬，虽然店铺没有责任，这样也会失去顾客。如果经过调查，发现产品确实存在问题，应该给予赔偿，尽快告诉顾客处理的结果。

(4) 要站在顾客的立场上考虑问题

漠视顾客的痛苦是处理顾客投诉的大忌。非常忌讳顾客服务人员不能站在顾客的立场上去思考问题。服务人员必须站在顾客的立场上考虑问题，将心比心，诚心诚意地去表示理解和同情，承认过失。因此，对所有的顾客投诉的处理，无论已经被证实还是没有被证实的，都不是先分清责任，而是先表示道歉，这才是最重要的。

顾客在投诉时会表现出烦恼、失望、泄气、发怒等各种情感。你不应当把这些表现当作对你个人的不满。特别是当顾客发怒时，你可能心里会想：“凭什么对着我发火？我的态度这么好。”要知道愤怒的情感通常都会潜意识中通过一个载体来发泄。因此对于愤怒，顾客仅是把你当成了倾诉对象。

顾客的情绪是完全有理由的，是理应得到极大的重视和最迅速、合理的解决的。所以你应该让顾客知道你非常理解他的心情，关心他的问题。比如：“王先生，对不起让您感到不愉快了，我非常理解您此时的感受。”

无论顾客的投诉是否合理，至少在顾客的世界里，他的情绪与要求是真实的，我们只有与顾客的世界同步，才有可能真正了解他的问题，找到最合适的方式与他交流，从而为成功的投诉处理奠定基础。

我们有时候在说道歉时会很不舒服，因为这似乎是在承认自己有错。说声“对不起”“很抱歉”并不一定表明你或店铺犯了错误，这主要表明你对顾客不愉快经历的遗憾与同情。不用担心顾客会因得到你的认可而越发的强硬，表示认同的话只会将顾客的思绪引向所要关注的问题。所以接下来，我们要表示愿意提供帮助：“让我看一下该如何帮助您。”“我很愿意为您解决问题。”

正如前面所说，当顾客正在关注所要解决的问题时，我们只要表示乐于提供帮助，就会让顾客感到安全、有保障，从而进一步消除对立情绪，取而代之的是依赖感。

（5）迅速采取行动

体谅顾客的痛苦就必须采取行动，用实际行动来化解矛盾。比如：“对不起，这是我们的过失。”不如说“我能理解给您带来的麻烦与不便，您看我们能为您做些什么呢？”顾客投诉的处理必须付诸行动，不能单纯地同情和理解，要迅速地给出解决的方案。

因此，处理人员在处理顾客投诉时，要善于抓住顾客表达中的“弦外之音、言外之意”，掌握顾客的真实意图。以下两种技巧有助于处理人员做到这一点：

一是注意顾客反复重复的话。顾客或许出于某种原因试图掩饰自己的真实想法，但却又常常会在谈话中不自觉地表露出来。这种表露常常表现为反复重复某些话语。值得注意的是，顾客的真实想法有时并非其反复重复话语的表面含义，而是其相关乃至相反的含义。

二是注意顾客的建议和反问。留意顾客投诉的一些细节，有助于把握顾客的真实想法。顾客的希望常会在他们建议和反问的语句中不自觉地表现出来。

处理顾客投诉，其要点是弄清顾客不满的来龙去脉，并仔细地记录顾客投诉的基本情况，以便找出责任人或总结经验教训。记录、归纳顾客投诉基本信息更是一项基本的工作，因为店铺通常是借助这些信息来进行思考、确定处理的方法。如果这些报告不够真实和详细，可能会给店铺的判断带来困难，甚至发生误导作用。

记录投诉信息可依据店铺的“投诉处理卡”，逐项进行填写。在记录中不可忽略以下要点：

①发生了什么事件？

②事件是何时发生的？

③有关的商品是什么？价格多少？设计如何？

④当时的业务人员是谁？

⑤顾客真正不满的原因何在？

⑥顾客希望以何种方式解决？

⑦顾客是否通情达理？

⑧这位顾客是否为店铺的老主顾？

7. 生意提升的机会

一般来说，当顾客买到不佳的商品，或是对于店铺提供的服务和项目不满意时，顾客不仅在身心上会受到一定的伤害，而且会因为投诉浪费大量的宝贵的时间。至于店铺本身，则可能因为顾客抱怨的产生，而降低顾客对店铺的信心，情况严重者，还可能影响到店铺的信誉及营业收入。

事实上，并非所有的顾客有了抱怨都会前往投诉，而是以“拒绝再度光临”的方式来表达其不满的情绪，甚至会让所有的亲朋好友来采取一致的对抗行动。反过来说，如果顾客是以投诉来表达其不满，至少可以让店铺有说明或改进的机会。

因此，顾客抱怨看似店铺经营上的危机，但若能将其处理得当，将使顾客增加对店铺的信任而再度光临，同时也促使店铺因顾客的抱怨而更加进步，将危机化为转机，带来更多有形及无形的利益。

如何让顾客成为店铺的免费宣传者，使店铺可以达到长期经营的目标，就要依靠店铺的工作人员审情处理顾客的每一个抱怨。这其实也是店铺生意提升的一个机会。

小贴士：退换货处理需注意3个要点：

1. 站在顾客的立场考虑，要比卖时更加热情。礼貌地请顾客出示收据，并检查顾客带回的货品状况。如符合要求，按照退换货处理原则办理手续。对新取的货品，应请顾客检查质量。退回产品款项后，应填写退款单。

2. 对不同的退换货情况分别做不同的处理。顾客因产品质量问题要求退换货的，应按规定处理，在按规定退换的同时，可以进一步向顾客介绍本店的其他产品；工作人员语言、态度恶劣而引起的退货，店长要出面诚恳的道歉，尽量取得顾客的谅解，避免矛盾升级，减少损失；顾客恶意索赔时，要以正当理由坚决拒绝。

3. 加强自身素质的训练。每日商品上柜前，仔细进行清点，防止次品或商品与挂牌不符的商品上柜。同时要熟悉产品的质量、规格、优缺点、保养方法、数量等相关内容，以便销售时能对顾客的问题应答自如，增加满意度，减少退换货的发生。

第五节　店铺 VIP 顾客的维护和管理

1. VIP 的规则及老 VIP 顾客的维护

VIP（会员）顾客的维护和管理是为了稳定顾客群，培养忠诚顾客，并提高顾客体验的一个政策，主要目的还是让忠诚的顾客受到更为优惠的服务，对原有 VIP 顾客进行维护。

日常工作中，我们见到许多公司的 VIP 政策都是形同虚设，因为根本不注重顾客资料的收集，保管与反馈，结果是 VIP 卡一大堆，没有实惠，消费者渐渐地对 VIP 卡失去了兴趣。一个店铺要想长远发展，赢得顾客信赖，就必须做好 VIP 政策，VIP 政策做好了，VIP 卡的含金量就高，顾客持卡的欲望也就提高了。

VIP 顾客政策主要是为顺应市场的要求，培养顾客对品牌的忠诚度，增加商品的销售机会，加强品牌的服务附加值而设。一方面可以将品牌长期的消费者加入公司的营销圈内，另一方面也会因此收集到有关本品牌商品的市场认可情况，对提高公司的产品品质及服务质量有一定的作用。VIP 顾客的政策适用于所有本品牌的代理商，加盟店，直营店实施，作为公司统一的形象，统一的管理，统一的服务一项重要内容。

（1）VIP 的种类及相关规则

VIP 不分金银卡，本卡只作一般常规折扣用，统一折扣为几折。

VIP 可以在全国范围内的专卖店使用。

VIP 在店铺活动期间不可同时享受活动优惠（如特价处理，买一送一），如享受活动优惠就视同放弃 VIP 折扣优惠，具体使用规则以店铺指引为准。

VIP 卡为一年一次登记，VIP 卡一次发行使用期限为一年，换领或延期由总部根据情况进行设定。

一般情况下本公司内部员工（包括总部及代理商，专卖店营业员）不得使用 VIP 卡，除非有经理级签字授权。

总公司拥有 VIP 卡的最终解释权，有权停止 VIP 卡的使用。

VIP 顾客日常管理：店长将 VIP 顾客档案交于公司备案。顾客在店铺购物时，收银员要询问顾客是否是 VIP 会员。VIP 会员对正价货品享受几折优惠，全国通用。

店长每周将上周新申请的 VIP 资料（申请表，封套回执及销售单据）送回公司总部。公司顾客服务中心核对资料无误后，输入电脑备案。若贵宾卡持有人表示其个人资料有所更改，必须填写《××公司贵宾卡更改资料表格》由店长或者副店长审核后交回公司总部。公司顾客服务中心收到《××公司贵宾卡更改资料表格》后，核对并对该顾客资料进行电脑更新。

顾客在用申请到的卡在店铺购物时，收银员要询问顾客是否持有 VIP 卡，当顾客使用时，收银员要查看顾客的 VIP 卡，并将卡号输入收银系统，对顾客的购物累计，同时按电脑显示的折扣价收款，收银员在打完销货单后，将 VIP 卡垫在公司保留的销货单上，用铅笔扫描 VIP 卡卡号。收银后，将发票、VIP 卡、零钱一并交给顾客。

（2）VIP 的丢失与补办

若贵宾卡持卡人将卡丢失，应向申办点申请补办。

店长应该核查资料并上报公司，准确无误后方可补办。

(3）分级管理，实现顾客价值最大化

店铺对属于自己的准顾客进行研究，进行严格的区隔和划分，对顾客进行层级的划分。划分的方法与步骤：

①带来大量“现金流量”的顾客

通过对目前现有顾客按照购买时间、购买产品数量等指标进行排序，得出哪些顾客真正为店铺带来了大量、稳定的现金流量。这部分顾客才是店铺重点开发维护的群体。只有他们持续稳定、大量的购买才能维持店铺高速的发展。

②购买金额较高的顾客

购买金额较高也是店铺用来区分重点顾客与非重点顾客的一个极为重要的指标。因为其需求量大，所以才大量购买，否则要那么多东西干吗？难道拿来贩卖不成，如果顾客真的要拿来销售，对店铺来说何尝不是一件好事。

③用“盈亏平衡法”来分析顾客的成本

通过财务指标来分析获取产品销售的利润指标，如果开发一个顾客的成本过高，并且不能带来多少利润，那么店铺宁可失去这个顾客，也不要去开发他，因为这样做只能增加店铺的财务负担。

④认同店铺文化的顾客

店铺在市场运作化过程中，也会有不少能够认同店铺产品，认同店铺文化的顾客，如目前保健品市场上风行的会议营销、旅游营销等取得良好业绩的店铺，无一不是去找寻认同店铺文化、认同他们营销模式的顾客。

⑤能够正面宣传店铺的顾客

对店铺的正面宣传极为重要，尤其是顾客对店铺的宣传。一个满意的顾客可能为你带来五个顾客，而一个不满意的顾客可能使你失去二十五个顾客，甚至更多。店铺要尽量避免此类顾客的出现，一旦有这类顾客出现要立即处理好，使影响面减缩到最小层面。对正面宣传店铺的顾客给予一些更为人性化的关怀，努力实施最大化传播。

⑥运用 80/20 原则来区分顾客

通过 80/20 原则确定哪些顾客是店铺重点要发展的顾客。店铺 80% 的销量是由 20% 的顾客产生的。不断地通过各种营销手段，努力使 20% 的群体最大化，创造出更大的市场。

⑦建立属于店铺的“终生顾客俱乐部”

通过以上七个步骤和方法，建立重点顾客的终身俱乐部，提供更多的能够满足顾客需求的产品和服务。让顾客更多体验到店铺品牌所带来的乐趣。

2. 新 VIP 顾客的开发

店铺要生存和发展，必须创造利润，而店铺的利润来自顾客的消费。店铺的利润顾客来源主要有两部分：一类是新顾客，进行大量的广告宣传和促销活动，吸引潜在顾客来初次购买产品；另一类是原有店铺的 VIP 顾客，已经购买过店铺的产品，使用后感到满意，没有抱怨和不满，经店铺加以维护愿意连续购买产品的顾客。

新顾客开发时，首先要对其进行大规模的市场调查，了解顾客各个方面的感受，然后对调查结果进行总结分析，根据分析结果制定相应的广告宣传，同时还要不定期地进行大规模促销活动来提醒消费者购买。

新顾客对本店铺的商品认可之后，还要通过一系列优惠政策或活动，巩固他们对这些产品的好感，争取发展成为 VIP 顾客。一般可以建立顾客档案，来加强与顾客之间的联系。

（1）收集顾客资料

店铺促销活动中，如购物满×××元者，在填写“顾客资料卡”（见表 3－3）后，获赠礼物一份或 VIP 卡一张，以表谢意。或是在某一时段内购买商品的顾客，留下资料后，可获得优惠服务等。

与顾客交谈，了解商品使用信息或进行店铺意见调查，并接受访问者留下基本资料，以作日后联系顾客之用。

送店铺商品样本或商品简介等资料给顾客，并附回执单或反馈卡等。

部分预订或未买到合适商品的顾客提供登记表，请其留下联系方式、要求及基本资料，以便到货时及时通知。

积分券方式，将积分到×××点的顾客列为长期惠顾顾客，请其填写顾客资料卡。

企业、单位、团体资料记录，为其提供专项服务，如定做、专销等。

表3－3　　　　顾客资料卡

购买者基本资料	使用者基本资料
姓　　名：________	姓名：____　关系称谓：____　性别：□男　□女　年龄：____
性　　别：□男　□女	生日：____年__月__日　□阳历　□阴历　手机号码：________
手机号码：________	
通信地址：________	兴趣爱好：________________
微 信 号：________	QQ号码：________________
VIP卡号：________	身高约________cm　体重约________kg
接待人员：________	服装尺码：______　鞋子尺码：______
资料编号：________	消费取向偏好：________________
登记日期：__年__月__日	色相取向：□红　□橙　□黄　□绿　□蓝 □紫　□黑　□灰　□其他
	备注事项：________________

（2）顾客档案运用

节假日贺卡，生日卡的发送；新品的推介；日常生活资讯提供；感谢卡；电话访问；小礼品发放。

（3）顾客分类

经常光顾购买对品牌有相应忠实度为A类顾客，定期传达流行资讯，赠送小礼品；经常光顾但购买不多，对品牌有所认识的为B类顾客，定期赠送小礼品，传达新款资讯；偶然性顾客为C类顾客，可定期发放流行资讯，品牌宣传品，加深对品牌的认识。

如今，买方市场情况下，商品同质化程度越来越高，同时，由于科学技术的发展，商品本身的生命周期也是越来越短，很多店铺推出的营销策略和手段也大同小异，消费者已变得相当理智，所以对顾客进行维护和售后的服务非常必要，要加强对原有VIP顾客的维护和新VIP顾客的加入工作。

（4）VIP贵宾卡申请程序

店长或副店长审查顾客提供的发票是否符合申请资格。如一次购买××货品满人民币××元或60天内（以发票日期为准）累计购买货品满人民币××元。

若符合申请资格，店长或副店长及时取出带有编号的《××贵宾卡申请表》让顾客填写，顾客填写完后，店长或副店长将与申请表相同编号的贵宾卡取出，认真核对编号无误后，在持卡签署栏写上申请人姓名，然后请申请人在该卡的背面“持卡者签署”一栏签名确认。

取出一个贵宾卡封套，按照申请表内容在“持卡者姓名”“卡编号”“取卡店铺”三栏内填写好，将封套交给申请人。申请人阅读上面的“××公司贵宾卡条款与细则”后，让其在“持卡人签署”签名确认，在封套回执“店长”一栏内签署，并填写上日期，完成后撕下封套虚线下白色的填写栏，将贵宾卡用封套封好，交给申请人。

（5）VIP顾客生日消费操作流程

VIP顾客生日前十天，VIP管理员以短信的方式通知顾客生日优惠措施。

在VIP顾客生日当天的上午10：00整，VIP管理员以短信的方式送出祝福。

在生日前后七天内，VIP顾客到发卡店内消费，经过店长或领班审核确认后可享受优惠（促销商品按 VIP 制度执行），但必须在小票上记录顾客的身份证号并由顾客签字确认。

公司为提供给 VIP 顾客更多的惊喜，可以于顾客生日当天送些小礼品（价值三十元左右）并提供免费邮递服务，VIP 管理员应提前一天通知 VIP 顾客相关信息，确认客户地址和时间，并登记送出礼品的顾客信息，填写 VIP 顾客生日送礼记录表（见表 3－4）。

表 3－4　　VIP 顾客生日送（礼）记录表

品牌：　　填写人：

日期	姓名	送礼地址和时间	联系方式	地址确认时间	送礼确认时间	有无送到

①在填写本表前须与 VIP 客户确认送礼地址和时间，再通知送礼的店铺。

②生日当天须和送礼的店铺确认礼品有无送到。

③电话和 VIP 顾客确认地址语言为：您好，我是×××品牌的 VIP 服务专员，首先祝您生日快乐，我公司为您准备了一点小礼物，想和您核实一下地址和您什么时候方便，可以吗?

第四章　店铺促销

——应对互联网风暴，旺季商品促销策略

早在2000年左右，由阿里巴巴引发的全民网购浪潮持续影响到了现在，“双十一”的电商狂欢日就是这一发展的明证。在今天，天猫、京东、苏宁、当当等强势电商平台，已经深刻地改变了中国的营销经济发展。对于企业而言，营销的互联网化无疑是进行“互联网+”时代变革最快捷的方式。

促销，不管是电子商务，还是传统店铺，都是提升销量的必要手段。

IBM公司创始人沃森说过：“科技为企业提供动力，促销则为企业安上翅膀。”店铺是直接接触顾客的场所，销售旺季促销活动的重要性不言而喻。商品种类繁多，如何让客户在鳞次栉比的店铺中选择自己心仪的产品，促销是重要的一环。

第一节　旺季促销及组合因素

1. 零售促销活动类型

（1）配额促销

旺季店铺配额促销方式，主要包括样品、优惠券、付现金折扣、特价包装、赠品、奖金、免费试用、商品保证、联合促销、销售现场展示和表演。

①样品

样品，是指免费提供给顾客或借助其使用的商品。赠送样品是最有效也最昂贵的介绍新商品的方式。

例如，美国利弗兄弟公司向美国4/5的家庭发送了价值4300万美元的新开发的“浪花”牌洗涤剂免费样品，便一举成了全国性品牌。

②优惠券

优惠券，是指一纸证明，持有者用它购买特定商品可少付钱。有资料表明，美国95%以上的小商品公司已使用此办法，且有2/3的美国顾客在日常购物中使用优惠券。

③付现金折扣

付现金折扣，与优惠券不同的是减价发生在购买之后。顾客购物后将一张本店提供的“购物证明”寄给生产商，生产商用邮寄的方式退还部分购物款项。

④特价包装

特价包装，是指以低于正常商品的价格向顾客提供商品。这种价格通常在标签或包装上标明。

⑤赠品

赠品，是指以较低的代价或免费向顾客提供某一物品，以刺激其购买某一特定品牌商品。还有一种是包装内附赠品，美国魁克麦片公司在其“健尔·拉森”牌狗粮的包装内放入了价值500万美元的金币和银币。

⑥奖励

奖励，是指顾客在购买商品时，向他们提供获得物品、现金或旅游的机会，例如，加多宝凉茶用罐装饮料盖下图案与报纸上宣布的图案相一致的办法向顾客提供获得现金的机会。

⑦免费试用

免费试用，是指将商品送给一些顾客，以刺激他们对该品牌的兴趣。

⑧商品保证

在顾客对商品质量日益看重的情况下，商品保证是一项非常有效的销售促销方式。

⑨联合促销

联合促销，是指两个以上的策划者，基于相互利益的考虑，共同促销。如日本“资生堂”与“不二家”共同实施的广告活动，当时营销界称之为“绝妙广告”。

⑩销售现场陈列和表演

销售现场陈列和表演，是指在现场或销售点进行的促销活动。例如，美国善格连裤袜的陈列是有史以来陈列题材中最富创造性的形式之一，并成为该商品获得成功的一个主要因素。

（2）交易促销

在销售促销活动中，用于交易的奖金要多于用于顾客的奖金。策划者在交易中耗资是为了实现以下目标。

①可以说服批发商经营某一品牌的商品

由于货架位置很难取得，策划者只有经常依靠提供减价商品、折扣、退货保证或免费商品获得货架。一旦保住这个位置，才有利于提高商品的知名度。

②可以刺激零售商积极宣传商品特色，以展示及降价来促销商品

策划者可能要求在本市的人行道旁展示商品，或改进货架的装饰，或张贴减价优惠告示等。他们可根据零售商完成任务的情况提供折扣。

由于零售商的权力越来越大，策划者在交易促销上的花费有上升趋势。任何一个竞争店铺若是单方面中止交易折扣，中间商就不会帮他配销商品。在一些西方国家，零售商已成为主要的广告主。

为了达到门店促销的目的，门店管理人员要做好促销的管控，特别是制定促销方案细则，如表 4－1 所示。

表 4－1　　促销活动方案表

<table>
<tr><td>发出单位：</td><td></td><td>发出人：</td><td></td><td>发出时间：</td><td></td></tr>
<tr><td>接收单位：</td><td></td><td>接收人：</td><td></td><td>接收时间：</td><td></td></tr>
<tr><td>联络事项：</td><td colspan="5">____________________促销方案</td></tr>
<tr><td>活动时间：</td><td colspan="5"></td></tr>
<tr><td>活动主题：</td><td colspan="5"></td></tr>
<tr><td>活动店铺：</td><td colspan="5"></td></tr>
<tr><td>活动内容：</td><td colspan="5"></td></tr>
<tr><td>促销测算：</td><td colspan="5"></td></tr>
<tr><td>卖场布置：
（物料明细）</td><td colspan="5"></td></tr>
<tr><td>备注：</td><td colspan="5"></td></tr>
<tr><td>签字处</td><td>核准：</td><td></td><td>审核：</td><td></td><td>单位主管：</td><td></td></tr>
<tr><td colspan="7">备注：本联络函经单位主管签字后即为生效，一式两份，一份为发文单位存档，另一份为受文单位。</td></tr>
</table>

(3) 营业促销

①营业促销环境

营业促销方式具有针对性和灵活多样性的特点，可以是一次性的，也可以是不期的。营业促销的环境一般包括：

经营商品（或品牌）类似：策划者有意利用心理学的方法在顾客心理上造成差异，形成本店特色，这就需要大规模的促销活动，于是多采用营业促销方式。

新产品刚上市阶段：由于顾客对新产品陌生，需要进行大规模的营业促销宣传活动。

店铺处于成熟发展期：为了维持市场占有率，营业促销方式被广泛采用。

②常用的营业促销方式

常用的营业促销方式有以下几种：

举办展览会、展销会：美国平均每年举办的商品展览会超过5600次，吸引大约800万名顾客。参加的经营者可以得到如下好处：开辟新的销售渠道；维持与顾客的接触；介绍新产品；结识新顾客；向新顾客销售更多的商品；用印刷品、电影及视听材料说服教育顾客。

抽奖：抽奖是指以高额的奖金或赠品，一个或数人独占形式的附奖销售。活动本身必须具有想象力，饶有情趣，但抽奖活动必须与广告商品贴切吻合才能提高店铺形象。

时装表演：属于一种立体说明，是由时装模特在特定场所实现走台表演，展示时装的活动。以表演的方式加强宣传，引导流行色彩、流行款式，以达到说服效果。尤其是材料的质感，色彩的微妙变化等，都是其他方式不易表达的。

(4) 价格折扣促销

价格折扣促销，是指在某段时间内，店铺每次购货都给予低于定价的直接折扣。这一方式鼓励了店铺购买知名度不高的商品。折扣促销对于提高消费者对店铺的注意力，以及促进店铺的商品销售方面极为有效。折扣促销还可以鼓励消费者购买一些以往售价比较高的商品，其核心内涵是：商家让利、顾客省钱、双方共赢。

①折扣促销的时机

一般来说，采取折扣促销的时机有以下几种情况：

当店铺纪念店庆时，采取折扣促销酬谢顾客。

店铺采购到新的畅销商品时，为唤起顾客的需要，增加持续销售量，折扣促销可以实现这一目标。

当竞争对手采取促销活动时，折扣促销可以充作对抗价格竞争的有力武器。

可以借助减价优惠活动，招揽大批顾客，刺激购买一般商品。

当店铺处理破损、污损、零头（非整齐的）、流行过时、滞销等商品时，可以采取折扣促销。

当店铺为了加快资金周转，加速资金回收力度时。

店铺为了扭转商品或服务销售全面下跌的局面时。

为了提高某一品牌的商品在同类商品中逐步递减的市场占有率时。

为了提升消费者对成长类商品的品牌的兴趣度时。

当重大节假日来临时，可以开展折扣促销活动吸引顾客。

②折扣促销的优点

- 提高商品在货架上的注目率，从而鼓励消费者大量购买。
- 稳定现有顾客，促进销售升级。
- 促使初次试用者通过折扣促销产生购买商品的强烈欲望。
- 折扣促销具有较高的弹性，店铺可以完全掌握促销活动的每一个环节。

③折扣促销的缺点

- 对于正处于衰退期的商品来讲，折价促销只能短暂地使其销售回升，却无法扭转其已有的趋势，因此无法从根本上解决问题。

• 只能暂时增加商品的市场占有率，而且对于市场占有率越低的商品，须经常给予较高的折扣优惠，才能吸引消费者的注意。

• 对于那些品牌尚未被消费者认同的商品，只能用低折扣才能吸引消费者，因而这种方法对于市场占有率低的商品的促销并不理想。

• 折价促销并不能使消费者产生品牌忠诚度。

• 折价促销不易吸引初次购买者，而且经常举办折价促销还会损坏品牌的形象，从而影响销售量。

• 开展折扣促销活动时，常需在商品包装、存货管理等方面进行特别处理，从而增加费用开支，因此需要较长时间的准备。

④折扣促销的形式

店铺的折扣促销活动，关键在于必须让购物者知道商品减价多少，以此来决定自己是否购买某些商品。折扣促销的常用形式有以下几种。

利用商品包装标示折扣：就是利用商品的包装，将商品的折扣数额标示在上面，让消费者一看就知道，但是折扣标示的设计一定不能将商标盖住，否则就有喧宾夺主之嫌。

利用折价券促销：折价券是一种行之有效的促销工具，它采用向潜在顾客发送一定面额的有价证券的方式，持券人在购买某种商品时，可凭券享受折扣优惠。店铺折价券是店铺与厂商间进行合作的极佳途径，其目的就是为消费者提供一个动人的诱因，以吸引他们到特定的店铺，购买特定的商品。

信用卡回扣促销：即向消费者发放信用卡，使消费者利用信用卡来商场购物，凭借信用卡中的积分享受一定的价格优惠或折扣。

买一送一：就是提供两个以上的商品用来做折扣促销，例如“买一送一”或“买二送二”即属于这种促销。

价格折让：价格折让，以此作为零售商同意以某种方式突出宣传商品的报偿。广告折让用以补偿为某一品牌商品做广告宣传的零售商；陈列折让则用以补偿对商品进行特别陈列的零售商。

2. 促销组合因素

店铺促销组合，是指店铺商家根据促销的需要，对广告、销售促进、宣传与人员推销等各种促销方式进行的适当选择和综合编配。

促销组合的构成要素，可从广义和狭义两个角度来考察。就广义而言，市场营销组合中的各个因素都可以归入促销组合，诸如产品的式样、包装的颜色与外观、价格等都传播了某些信息。就狭义而言，促销组合只包括具有沟通性质的促销工具。主要包括各种形式的广告、包装、展销会、购买现场陈列、销售辅助（目录、说明书、影片等）、劝诱工具（竞赛、赠品券、赠奖、赠送样品、彩券）以及宣传等。

这些促销工具各有其特殊的潜力和复杂性，需要进行专业化管理。然而，即使那些规模巨大的企业也没有能力做到每一种促销工具都配备一名专家负责，一般只有那些十分重要并且使用频繁的工具才实行专业化管理。从促销的历史发展过程看，企业最先划分出人员推销职能，一是广告，二是销售促进，三是宣传。因此，促销组合就是由这四种主要的促销工具组成。

第二节　零售促销策略设计

促销是现代市场营销策略中使用最广泛的一种拓展市场、吸引顾客、促进销售的利器。促销活动对激励消费者购买行为，加深品牌渗透力，增进销售，扩大营业额，提高店铺知名度等方面有着独特的功效。

现代促销理论和实践，随着市场竞争的日益激烈和产品同质化、消费个性化的趋势的出现，已衍生出了范围广泛、形式多样、富有技巧、颇具成效的促销方式，如折价优惠、附送赠品、退费补偿、凭证减价、奖励激励、印花赠送、会展、游戏、竞技、联合、赞助、会员制等。

近年来，促销活动从原来以终端推力为主，以价格竞争为核心手段的独立性营业推广模式逐渐扩展到与广告、人员推销、公共关系等要素协调运用，合力促进的组合促销模式。促销是比广告运用更普遍、投入更多的推销工具。那么，如何进行促销设计呢？

1. 确定促销目标

锁定目标，有的放矢，是促销之前很重要的准备工作。促销无非是想提升业绩，要针对目标分析原因，再针对原因（最重要的原因）锁定其方向，实施促销手段，如此命中率才高。否则，只会空浪费许多经费，却无法达成目标。

确定促销目标，通常分为以下三步。

（1）确定是短期目标还是长期目标

先要确定自己需要制定的是长期目标还是短期目标。

长期目标，也叫定位，是指为了在顾客心目中产生区别于竞争对手的零售商形象而设计和实施的促销。一般零售商会通过促销活动体现其在商品类别、价格，或者质量方面的差异，以达到细分目标顾客的目标。

短期目标与长期目标不同，促销活动常见的一种短期目标可能包含如下几个方面的因素：第一，在一定的时期内，扩大营业额；第二，稳定既有顾客，并吸引新顾客，以提高来客数；第三，及时清理店内滞销存货，加速资金周转；第四，与竞争对手抗衡，以降低竞争对手各项促销活动对本店的影响。

（2）确定产品或服务针对的消费者群体

要确定产品或服务针对的消费者群体，比如说有针对所有消费者为主题的促销，有针对教师、医生、老人等为主题的促销。在潜在市场中，哪些人需要你的产品，哪些人在使用你产品过程中受益，那么这部分人就是你的目标所在。只有认准了潜在顾客，才能采取最有效的促销手段，与他们进行营销沟通，并在沟通过程中传达最适合于他们的营销信息。

（3）确定你所计划的促销活动有什么目标

认清了促销所要针对的对象之后，就要确定你所计划的促销活动有什么目标了。业绩 = 交易次数 × 顾客单笔购买金额。所以，如果想要提高业绩，首先需要明确的是：是要提高交易次数还是提高顾客单笔的购买金额，然后根据不同的目的选择方法。

当然，促销也可以锁定其他目标。设定促销目标可按下列目标来选定：顾客定位、提高销售额、提高毛利额、提高来客数、提高客单价、清理滞销商品、与竞争对手抗衡等。

总之，你所希望实现的促销目标就是你期待目标市场对促销活动所做出的反应。如果你希望通过刺激消费者的购买来达到提高销售业绩的目标，那么你就要更准确地确定你的各项促销方式与手段。

2. 制订总体促销预算

在美国等西方发达国家，促销费用的开支居各营销要素之首。在我国，门店旺季的促销活动正在逐步走向成熟。既然要促销，肯定是要花去一笔费用的，那么如何进行预算呢？

主要有以下几种方法：

（1）量力而行法

这是指零售商在自身财力允许的范围内确定预算。零售商用这种方法确定促销预算，首先要预测周期内的销售额，计算各种支出和利润，然后确定能拿出多少钱来作为促销费用。这是最保守的预算方法，完全不考虑促销作为一种投资以及促销对销量的直接影响。如果企业的销售额不理想，那么促销就会被视为可有可无。这种方法导致年度预算的不确定性，从而使长期的促销目标难以实现。小型的、保守的零售商主要使用这种方法。

（2）销售百分比法

这是以年度预测的销售额为基础，固定一个比例来计算一年总的促销预算，然后再根据一年中计划举办多少次促销活动进行分摊。其中的比率可能是过去使用的比率，也可能是参考了同行业中其他零售商的预算比率，或者是根据经验确定的。

这种方法有许多好处：容易确定，易控制，可以调整并将促销与销售额联系起来；它激发管理层努力协调促销成本、销售价格和单位利润这三者之间的关系，在此基础上考虑企业的运作；它在一定程度上能增强竞争的稳定性。这种方法的缺陷在于没有将促销与销售的关系弄清楚，而且因果倒置，视促销为销售额的结果。这样会导致由资金到位水平而不是由市场机会去确定预算，没有考虑每次促销活动的实际需要。

（3）目标任务法

这是零售商首先确定促销目标，再据此确定一年所计划举办的促销活动和每一次促销活动需要的具体金额，将所有促销活动的费用加起来，便得出全年的促销预算。这种方法的优点是以促销活动为主导，可充分表现促销诉求重点；但缺点是难以控制促销费用，如果促销没有达到相应效果，会影响经营效益。

（4）竞争对等法

这是指零售商根据竞争者的行动来增加或减少预算。也就是说，企业确定促销预算，是为了取得与竞争对手对等的发言权。若某一区域的领先企业将其促销费用增加 10%，则该区域的竞争者也做出相应的调整。采用这种方法的营销人员相信，只要在促销中与其竞争对手的花费占各自销售量的百分比相等，就会保持原有的市场份额。

确定预算之后，就是分配预算。店主决定有多少预算分配于具体促销元素、商品类别、地域等。

3. 选择促销组合

促销方式多种多样，商店应据具体情况和销售目标，使用一种或组合使用多种促销工具，以实现最优的促销效益。选择促销组合方式时还应考虑市场类型、消费者特点、竞争状况和促销预算及每种促销方式的成本效益等因素。时时刻刻谨记促销应遵循的原则：少花钱、多办事、办好事。

要收到预期的促销效果，就必须根据促销目标、产品类型、市场性质、消费者需求等因素，对广告、人员推销、营业推广、公关宣传各种促销方式进行综合运用，有机组合。

影响组合促销因素的多样性、复杂性和促销方式多重、多变的特点，导致组合促销的模式多种多样。最重要、最普遍运用的是广告、人员推销组合，营业推广、广告组合，广告、营业推广和人员推销组合，广告、营业推广、人员推销和公关宣传组合，拉式组合、推式组合等几种。

（1）广告、人员推销组合

广告、人员推销组合是指以大众传媒为载体的广告和以销售人员为主体的推销行为组合而成的一种促销策略。广告的作用在于一定时期内广而告之，让众多的社会公众知晓产品，了解有关店铺及产品的信息。而人员推销的作用在于通过人际传播形式，借助双向沟通找到社会公众中的真正用户并使其产生购买欲望，实现购买行为。研究证明，运用广告、人员推销组合进行促销，比单纯的人员推销增加23%的销售额，同时使总促销成本占销售额的比重减少20%。

（2）营业推广、广告组合

这是以营业推广为主，广告为辅形成的组合促销策略，其目的是以广告配合营业推广活动。营业推广运用多种激励工具刺激消费需求，能够迅速激发消费者的购买行为，促使快买多买。策划实施营业推广方案，一定形式的广告是必不可少的。在营业推广实施的同时，集中的、大面积的广告可以在一个统一的市场上产生协调一致的促销行为，从而达到降低促销的总成本，提高营业推广效果的目的。

1988 年前后，美国广告和营业推广的比例是 60∶40。而如今，在许多美国日用消费品公司里，营业推广已占促销总预算的 60% ~ 70% 。广告支出每年以 7.6% 的速度增长，营业推广支出则以每年 12% 的速度增长。这充分说明营业推广作为一种有效的促销工具正被众多的店铺接受，并发挥其重要作用。

(3) 广告、营业推广和人员推销组合

这种组合就是将广告、营业推广和人员推销结合起来运用。没有切实可行的营业推广策略设计，人员推销就是空泛的、千篇一律的、简单的、低层次的推销行为；没有广告的作用，再好的营业推广策略，再强的人员推销阵容也同样不能发挥作用。

(4) 广告、营业推广、人员推销和公关宣传组合

很明显，该组合是一个整体组合促销策略。如果广告、营业推广、人员推销组合能实现促销目标，达到促销效果的话，那么也只是短期效应，不利于长期稳定的发展，因为它缺少了以长远利益为切入点，以树立店铺形象、扩大店铺知名度为目的的公关宣传。

整体组合促销可以产生全方位的舆论效果，使店铺在激烈的竞争中为自己缔造一个天然屏障，分散和抵消竞争对手的影响。世界著名市场营销权威科特勒在 1980 年创立了科特勒组合模型——整体组合促销，并在以后的几年内做了多次修改，目前该模型是国内外市场营销界公认的最新、最好的模型。

科特勒认为：对于消费品和产业用品，各种促销方式的重要性是不同的，因而就产生不同的组合促销策略。在消费品促销中，各促销方式的排序是广告、营业推广、人员推销、公关宣传；在产业用品组合促销中，其

顺序为人员推销、营业推广、广告、公关宣传。

（5）拉式组合、推式组合

在促销实践中，由于各促销方式的排序不同，重要程度不同，因而就形成了两种具体的组合促销策略：推式组合、拉式组合。

推式组合是指以人员推销方式为主，其他促销方式为辅形成的组合促销策略。拉式组合是指以广告促销方式为主，其他促销方式为辅形成的组合促销策略。这两者都包含了店铺与消费者双方的能动作用。

推式组合的重心在推动，着重强调了能动性，表明顾客的需求是可以通过店铺的积极促销而被激发和创造的。拉式组合的重心在拉引，着重强调了顾客的能动性，表明了促销活动必须顺乎顾客需求，符合购买指向，才能取得良好的效果。

4. 执行促销策划

促销计划拟订以后，就要准备行动了。安排好如何执行，才能取得良好的效果，而且可以避免在具体实施过程中浪费人力、财力。

一般而言，可以从下面三个方面来执行，要点如下：

（1）促销人员方面

第一，门店相关人员必须都了解促销活动的起止时间、参与促销的商品，以及促销活动的具体内容，以备顾客询问。

第二，门店服务人员必须保持良好的服务态度，并随时保持服装仪表的整洁，给顾客留下良好的印象。

第三，各部门主管必须配合促销活动安排适当的出勤人数、班次、休假及用餐时间，以免影响购物高峰期间对顾客的服务。

（2）促销商品方面

第一，促销商品必须有足够的库存，以免由于缺货造成顾客抱怨而丧失销售机会。

第二，促销商品的标价必须正确、醒目，以方便顾客选购，并保证收银作业的顺利进行。

第三，商品陈列位置必须正确且能够吸引人，如畅销商品应以排头货架，或者堆头，用大量的陈列来体现量感，以达到吸引消费者的目的。

第四，新商品促销应搭配品尝或示范等方式，以吸引顾客消费，增强顾客购买信心。

第五，促销商品应搭配关联性商品的陈列，以提高顾客对相关产品的购买率。

（3）宣传准备方面

第一，须将广告宣传单发放到目标顾客的手中，以保证有充分的客流量。

第二，广告海报、条幅等应张贴于明显处，如入口处或布告栏上，以吸引顾客入店购物。

第三，特价品广告应悬挂于正确位置，价格标示应醒目，以吸引顾客购买；服务台应定时广播促销活动及促销品种，以刺激顾客购买。

第四，商场应张贴气氛性的海报、旗帜等，并播放轻松愉快的背景音乐，营造舒适的购物气氛。

在促销前三天，必须确定所有促销商品会在促销前一天到位，且在促销前一天将所有陈列物布置完成。促销当天，要保证不缺货、卖场陈列齐备，还要确定电脑价格无误，千万不要出现促销价格和电脑价格不符的现象，这样很容易引起顾客的抱怨。

5. 评估促销效果并总结

对促销活动实施后的结果与原计划的促销活动目标进行对照、分析，这便是促销活动效果评估。通过对促销活动的全面剖析，可以确定促销活动计划的科学性、合理性程度，确认促销活动实施阶段的成果与不足，从而为今后制订新的促销计划及组织新的促销活动提供宝贵的经验和资料。

促销系统是一个非常复杂的系统，它涉及范围广，构成要素繁多且关系复杂，这都给促销活动效果评价带来了一定的难度。为了对促销活动效果做出一个正确的评价，应遵循下列基本原则：

（1）客观性原则。必须弄清资料是否全面、可靠、正确，防止评价人员的倾向性。

（2）先进合理和可操作性原则。虽然不可能面面俱到，但应在突出重点的前提下，尽量做到先进合理，坚持可操作性。

（3）针对性原则。评价促销活动效果时必须有明确而具体的目标。只有确定了具体的评价目标，才能选择相应的手段与方法，评价的结果也才能准确、可信。

（4）可靠性原则。要求抽取的调查样本有典型、有代表意义；调查表的设计要合理，汇总分析的方法要科学、先进。

促销活动就像一个三角形，消费者满意是三角形的底部，顶端是产品销售量。促销活动必须建立在满足消费者需要这一基础上，产品才会被消费者所接受和喜爱，有了这个基础，才能提高顾客的满意度，从而支持三角形的顶端——店铺销售量。

店铺产品的市场占有率增加了，又反过来影响消费者对产品的忠诚度，这样形成良性循环，就会使店铺产品的销售量长期处于顶峰状态，这是任何一个店铺的促销策划追求的最高境界。

小贴士：选择促销方法小技巧

对资金不足的中小店铺来说，既省钱又有效的促销方法有很多：

1. 把促销做成公益事业，博得顾客青睐。

吸引人们的不仅仅是产品，有时还是厂家或商家的营销文化。

2. 通过提供免费样品或让潜在顾客亲自体验的方式来宣传产品或

服务。

免费发放样品或试用，既达到了宣传的作用，又为中小企业节省了资金。

3. 利用人的逆反心理进行促销。

4. 精心策划，巧妙展示产品优点，利用口碑传播促销产品。

5. 人性化促销，往往会产生不同的促销效果。

6. 借助或制造引人注目的事件。

需要注意的是，这种做法必须恰到好处，要慎用。

7. 善于利用各种新闻事件，从中找出与店铺和产品的结合点。

第三节 零售广告

店铺属于服务业，具有一般服务业的特点：无形、不稳定、不可分离。

零售广告的目的在于：让消费者了解商店的位置、经营条件、商品种类和价格，以及与其他店铺有所不同的地方。

中国的消费者很多时候对品牌不太忠诚，“追风”非常普遍，很容易转移。有新的店铺、新的概念出现，消费者就会去尝试。特别是女性消费者，非理性的成分更大。因为被一个新颖可爱的促销或广告感动而购买价值高得多的产品是非常普遍的现象。

调查表明，95.5% 的 18 ~35 岁的女性都有过各种各样的非理性消费行为，也就是受打折、朋友、销售人员、情绪、广告等影响而进行的购买。非理性消费占女性消费支出的比重达到20% 。这种感性消费并非事前计划好的，所购买的商品也非生活所必需的。广告的吸引力是这些非理性购买行为的重要动因。

1. 零售广告的特点

广告中的信息是传达给整个受众群和预定的目标顾客群的，不能因个别顾客而调整，也不可能做到面面俱到。准确把握目标顾客群的特点是零售广告设计的前提。

作为服务业的一种，零售业当然有着与制造业不同的特点，针对这些行业特点，在制作和发布广告的策略上，零售广告也就有其与众不同的特点。

（1）有更集中的目标市场

需要适应当地市场需求、习惯以及偏好。而且，因为零售商所覆盖的商圈范围有限，所以一般不需要利用全国性传媒，没有必要在全国性电视节目上做广告。恰恰相反，在全国性媒体上做广告，并不会得到什么收益，只是浪费资源。

（2）更注重时效性

零售商的各种商品为了销售而陈列，在特定的短时间内打出广告，追求的是马上卖掉。广告发布产生的长久效益在零售业界一般是不存在的。对于一般消费者而言，除了房屋、汽车等商品的广告之外，别的很难产生较长久的影响力。所以对于零售商而言，选择 DM（即英文 Direct mail 的缩写，意为快讯商品广告，通常由 8 开或 16 开广告纸正反面彩色印刷而成）是一种比较理想的广告形式。

（3）突出价格

零售商针对的是所在商圈中的目标顾客，在明确的管理范围内制定出商品准确、合适的零售价格，对于零售商也是很重要的。

（4）广告目标

零售广告可以达到多种不同的目标，主要有以下几种：促使商店的短期销售额增长；产生更大的吸引力，扩大商圈范围，拥有更大的客流量；

增加消费者对零售商的认知度，发展或加强零售商店的形象；对于新开业的店，负有告知顾客本商店的产品、服务及经营特性的任务；当零售商开发自主品牌的时候，负有推广自由品牌的任务。

2. 零售广告媒体选择

广告必须借助于一定媒体，才能把店铺的信息传递到消费者中去。广告媒体是指广告人与广告接受者之间起媒介作用的物质。常见的广告媒体有报纸、杂志、广播、电视、互联网等。

零售商在选用广告媒体时，需要考虑以下方面的内容：

一是要考虑消费者接触媒体的习惯，如销售玩具应在电视和广播上做广告，不应在杂志上做广告。二是商品的特性，如时装广告，其颜色和样式十分重要，最好选择有色彩感的媒体做广告。三是广告媒体的选用，必须考虑效果和费用问题，能用较少的钱取得最佳效果当然很好，但二者不能兼顾时，就要量力而行。四是媒体的影响力。在考虑广告费用时，不能只看绝对费用，还要看广告接受者的多少和覆盖面的大小。

投放广告的明显目的就是向广大消费者传递信息，该信息传递越广，受众面越大，对销量的拉升作用就越强。虽然广告的最终目标是增加销售量和利润。但店铺利润的实现，是店铺营销组合战略综合作用的结果，广告只能在其中发挥应有的作用。因此，增加销售量和利润不能笼统地作为广告目标。

店铺在确定广告目标时，要与店铺目标相吻合。一般来说，店铺的广告目标有以下几种：以提高产品知名度为目标；以建立需求偏好为目标；以提示、提醒为目标。

零售商在确立了自己的广告目标以及自己的行业特点之后，还要了解各个媒体广告的特点，这样才能更好地选择适合自己的广告媒体。各个广告媒体的性能见表4－2。

表 4-2　　广告媒体性能表

媒体形式	覆盖区域	对　象	优　点	缺　点
报纸	单一社区或整个城市区域；当地版能到达的地方	大中型的店铺、零售商	传播面集中，前置时间短	不能选择读者群，广告竞争激烈
周刊	一般是单一社区，也可以是某一城市社区	当地市场的零售商	目标读者明确，地区性明确	读者人数有限，广告创造性差
购物杂志	某社区中的大多数住户；连锁性报纸可覆盖一个城市区域	居民区零售商及商业服务提供者	目标读者明确，费用低	读者较少，可能不会被仔细阅读
电话号码簿	地区性区域或电话簿所服务的职业领域	可以以产品和服务为导向的零售商	可吸引有购物意向的顾客，信息持久	对经常购物者吸引力有限，前置时间长
直接邮件	由零售商制作、发布	新的或发展中的商店，使用赠券、赠品的商店、邮购公司	明确的目标读者，直接针对潜在客户，与数据库相联系	高抛弃率，被许多顾客认为形象差
广播	电台周围的市场区域（宜与商圈范围相近）	集中精力于明确细分市场的零售商	费用相对较低，市场覆盖好	无视觉效果，必须经常使用才产生作用
电视	电视台周围的市场区域（宜与商圈范围相近）	产品和服务有广泛号召力的零售商	效果明显，市场覆盖面广	产品和时间的成本费用高，资源浪费
互联网	全球性，无地域、国界之分	所有以产品和服务为导向的网上商店	市场覆盖面广，互动性强，成本低，形式多样化	需不断刷新，难以衡量效果，受众有局限性

续 表

媒体形式	覆盖区域	对　象	优　点	缺　点
车身广告	公共交通系统所通行的区域	交通沿线附近零售商，特别是以乘公交车的乘客为目标的零售商	明确的目标顾客，可重复性，曝光时间长	观众注意力被分散或不感兴趣
户外广告牌	整个社区或单一街区	娱乐及旅游导向的零售商，著名企业	广告巨大、醒目，曝光频繁	广告杂乱，需创意性，否则难以产生效果
地方杂志	整个城市区域或地区，当地版本有时能到达的地方	餐馆、娱乐导向的公司、特殊品商店，邮购公司	有特别兴趣的读者，创造性的选择权	前置时间长，即时性差
广告单（DM）	单一社区和核心商圈	餐厅、干洗店，服务机构及其他社区企业	明确的目标读者，低费用	高抛弃率，形象较差

广告是最容易引起消费者注意的。如果媒体选择得当，广告又兼具创意和感染力，就更容易产生效力。广告作为零售商最常采用的促销形式，如能运用自如，自然能够把握机会，创造热点，吸引顾客，创造出不俗的业绩。

第四节　销售促进

销售促进（SP）并非是一个新名词，它的产生甚至可以追溯到 18 世纪末。

1853 年，美国一家帽子店就运用 SP，成功地诱使人们购买了大批帽子。当时的店主提出：凡是在本店购买帽子的顾客，均可以免费拍摄一张戴帽子的照片。当时，照相机还是一种奢侈品。广大消费者普遍认为将自己的照片拿来给亲友欣赏是一件值得自豪的事情。

因此，活动一开始就吸引了大量顾客，有些顾客甚至不远百里也前来该店。这家帽子店大获成功。

作为一种促销艺术，如果运用得当，销售促进可以给店铺带来良好的收益。

1. 优惠券

优惠券，是一种非常有效的促销工具，它采用邮寄、附于商品或广告中赠送的方式，向潜在顾客发送小面额有价证券，持券人可凭券在购买某种商品时享受优惠。

优惠券运用的方式很多，但大多是在某种产品或服务未能如期销售或获利时，为协助其达到预期的目标，所特别策划的促销活动。其中，赠送优惠券的形式最有效果。

（1）优惠券的种类

优惠券分为两大类：一类是零售商型优惠券，另一类是厂商型优惠券。

零售商型优惠券只能在某一特定的店铺或连锁店使用。通常情况下，此类型的优惠券由总经销店或零售店策划，并运用在平面媒体广告或店内小传单上。绝大部分零售商型优惠券运行时，是以吸引消费者光临某一特定店铺为主要目的，而不是为了使顾客购买某一特别品牌的商品。

另外，它也被广泛用来协助刺激对店内各种商品的购买欲望。但许多实例显示，零售商型优惠券也是零售商与厂商间一个绝佳的合作组合，其目的在于提供给消费者一个动人的诱因，以吸引他们到特定的店铺，购买特定的商品。

厂商型优惠券是由产品制造商的营销人员所规划和散发的。通常可在各零售点兑换，并获得购买该品牌商品的折价或特价优待。对厂商型优惠券而言，零售店如同厂商的活动代理，负责回收优惠券，统一整理后退回厂商手里。

随后，厂商再依据优惠券面额外加处理费用，一并支付给零售店。这种类型的优惠券对于经销各种品牌或商品的零售店均适用。其主要目的是增加某厂商生产的同品牌或不同品牌的系列产品的购买欲望，同时对零售商也可起到吸引顾客的目的。

（2）运用优惠券应注意的事项

在运用优惠券时，应该注意以下一些事项：

①优惠券的造型

优惠券可以设计成任意大小或各种不同变化的外形，然而对广告主而言，通常喜欢照纸币大小形状来印刷。因为这种形状的优惠券，易于被消费者、零售商和促销公司处理及辨认。当优惠券本身并无特殊的造型要求或限制时，其首要原则就是“如果你要的是一张优惠券，就应该把它做得像张优惠券”，因为任何文字技巧或用一些俏皮词句来卖弄，只会令消费者觉得不知所云，混淆不清，最终阻碍了优惠券的使用效果。

②优惠券的信息传达应清晰明了以引人注目

优惠券的内容，应用简单的文字对消费者和零售商说明使用方法，优惠券的限制范围，最好加上一小段很具销售力的文案诉求以鼓励消费者多多运用。此外，应该特别注意的是优惠券的背面的文案中，应醒目地注明优惠券的有效期限，使人易看易读，以帮助零售商防止过期的优惠券的误兑。

③优惠券的兑换率

使用优惠券促销时，消费者的反应较难预测。产品优惠券的兑换率是促销活动中最难确认的一件事。往往由于缺乏实际的活动信息，优惠券在兑换预算的拟定上问题重重。

④留心优惠券的误兑状况

误兑是一个严重的问题，不是消费者故意欺骗，就是消费者或零售商一时疏忽造成的。除了真正的误兑以外，还有一些不法分子故意冒用的情形，其涵盖的范围较广。这群不法之徒通常是故意裁下报纸或杂志上的优待券大批贩卖，甚至故意仿造或是窃取，好向粗心大意的零售店兑换。因此，唯有小心翼翼地规划并执行优惠券活动，才能确切避免误兑的发生。

2. 赠送商品（关联品）

赠品一般以消费者为对象，以免费为诱因，来缩短或接近品牌与消费者的距离。

（1）赠品的形式

赠品的形式多种多样，其常用的形式有：酬谢包装、包装赠品和邮寄赠品等。

①酬谢包装

酬谢包装，是以原价格供给较标准包装更大的包装或以标准包装另外附加商品来酬谢购买者。这种方法在食品、保健及美容品类别中广为使用。

酬谢包装和减价优惠一样，主要在于吸引现有使用者，用以鼓励那些已接受某品牌的人士扩大购买，而以此作为其购买的回报。酬谢包装也可在面临竞争品牌促销活动或广告活动时，用于稳定现有使用者。

②包装赠品

包装赠品包括包装内赠品、包装上赠品、包装外赠品以及可利用包装，它在激励消费者尝试购买方面特别有效。

③邮寄赠品

邮寄赠品，是通过邮寄给消费者提供免费赠品或礼物的方法，特点是顾客要把已购产品可作为凭证的信物（如购买发票、包装上的小标志等）

寄回公司，公司再免费邮寄赠品。

（2）选择赠品形式要注意的因素

活动前的赠品测试，是赠品选择的重要决定性因素。在选择赠品时，要注意以下因素：

易于了解。不需说明即一目了然，赠品是什么，值多少钱，必须让顾客一看便知。因为在零售店，并没有多余的时间来推荐赠品。

具有购买吸引力。经挑选过的赠品，必须能立即吸引顾客的购买欲，才是好赠品。

尽可能挑选一些有品牌的赠品。一个没有品牌的赠品，当然比知名度高的逊色得多，既难以估算其价值，更不易吸引消费者。

尽可能选择与产品有关联的赠品。虽然80%以上的包装内、包装上、包装外赠品都与产品本身难以搭配，但如果能够匹配，效果必然更佳。如咖啡送牛奶、洗衣机送洗衣粉等。

紧密结合促销主题。赠品的选择应与促销活动的赠送目的紧密连接，否则南辕北辙，互不相干，效果自然大打折扣。

赠品要力求突出。如果所选的赠品相当普通，如杯子、碗、化妆包等，最好在赠品上印上公司的品牌、商标或饰以标志图案，以凸显赠品的独特性。这样一来，则可以化平庸为神奇，创造无限的魅力。

3. 捆绑销售

何谓捆绑销售？这是共生营销的一种形式，即把有一定关联的相关产品组合捆绑在一起以优惠的价格进行销售的营销方式。它的优势是可以降低销售成本；提高服务层次；可以达到品牌形象的相互提升；增强企业抗风险能力，等等。共享资源优势互补的捆绑销售，可以使联合双方变得比以前更好，社会资源的配置得到了进一步的优化。

因为这些优势，近几年来，捆绑销售成为一个常用武器，并取得了非常可喜的效果。

（1）捆绑销售的类型

常用的捆绑销售大致有下面几种：

同一品牌的产品捆绑销售，其中既可能是同类产品，如“海天”酱油和“海天”蚝油；也可能是同一品牌的不同类型的产品，如“彩虹”蚊香器和其杀蟑片产品。

跨品牌和行业的捆绑销售，包括由于在产品使用上的不可分或相关性而捆绑，如不同品牌的电脑和外设产品联合出售，麦当劳与可口可乐的联手；或是由于有生产和经营过程的紧密联系，企业间实行一体化战略，而将其产品或服务捆绑，如手机生产商与运营商的联手，如小米手机中一款价格较高的联通定制手机和联通运营商所赠送的话费一起推出就属于这种方式；还有就是有精神需求的相关性，如足球世界杯决赛的门票与食品、饮料、娱乐与纪念品的捆绑销售。

（2）捆绑销售需要注意的问题

如何进行捆绑销售呢？应该把哪些产品捆绑在一起？不是所有企业的产品和服务都能随意地捆绑在一起。捆绑销售要达到“1 +1 > 2”的效果取决于两种商品的协调和相互促进，不能存在难以协调的矛盾。所以，捆绑销售的成功取决于下列条件：

确定合适的捆绑产品。若是替代产品，顾客只会二者选其一。所以，捆绑销售的两种产品最好是互补产品，至少也应该是独立品，而绝不能是彼此竞争的替代品。各方的资源互补性共享优势越强，与之结成共生关系的利益就越大。如可口可乐和薯片就是互补品。

捆绑产品目标顾客的重叠性。两种产品的目标市场应有较大交叉的部分。只有这样，才能保证两种或几种同时捆绑销售的产品是你的目标消费者所需要的。

产品价格定位的同一性。进行捆绑销售的相互促进，依赖于两个产品都能满足这个需求层次的消费者需求。产品应处于相同的档次，同为奢侈品，或同为普通商品。

选择恰当的联合捆绑时机。只有那些市场信息多变、结构变革和竞争激烈的产业领域，捆绑才有利于增强竞争力，实现捆绑各方的“共赢”，才适合采取捆绑营销模式。

估计捆绑销售方案的成本和收益。捆绑联合需要付出额外的成本费用，同时，可以增加比单独销售要高的额外收益。显然，只有在额外的收益大于额外的成本时，捆绑销售方案才是可行的。

4. 积　分

消费积分是店铺为回馈老顾客而采取的一种方法，让老顾客在消费一定的金额后，就可以得到店铺赠送的一些礼品或者折扣，以促进顾客继续消费，带给顾客一种心灵上的慰藉。

积分制作为一种有效巩固和激励老客户多次购买的促销手段，在快速消费品市场、餐饮、通信等领域得到广泛应用，这些市场的用户有重复购买产品或者服务的需求，而获得老客户的再次消费的成本要远远低于重新开发新客户的成本，采用积分制的方式可以有效地留住老客户。

运用方法：先设定一定积分，达到一定额度的消费顾客即取得一定的积分，就可以得到店铺赠送的产品、礼物等，还可以参加其他的优惠活动。

特别提示：设定的额度不一定太高，可做小返点或者大返点。

需要注意的问题：

通常只有积分优惠的折扣比较大，才能够引起顾客参与积分的意愿。

卖场要成立点券兑换处，随时需要服务。

顾客的需求量很难预测，有些商品种类显得很热门，很快就被兑换完毕。另外一些则无人问津，造成库存过多。因此，要事先做好规划。

如果积分可以免费换取赠品，顾客的参与意愿会比较高。但是，赠品与相关成本必须由零售店全部来承担，促销的负担比较重。一般而言，视业态的不同，赠品金额在积分金额的2%～5%。所以，兑换品的数量要适当控制。

表面上不是采用价格折扣的方法，可以让商品的价格维持在某一个水平。对于高品质、高单价的商品来说，运用这种方法，可以维持商品的形象及价格。但实际上，这种做法仍然属于变相的打折优惠。

5. 抽　奖

抽奖，即顾客在购买商品或消费时，对其给予若干次奖励机会的促销方式。可以说，抽奖是消费加运气并获得利益的活动。这是一种有博彩性质的促销方式。也是较为广泛的促销方式之一，由于选择的大都是有诱惑力的奖品，因此，可以吸引消费者来店，促进产品销售。

早在1966年，美国一家生产包装品的公司，就运用了这种销售促进方法。他们在自己的产品包装上印上幸运号码，欢迎广大顾客选购他们的产品。经过公开抽奖后，中奖者可以终身享受每月100美元奖金的待遇。消息一经公布，立刻得到了当地消费者的普遍欢迎。

抽奖这种方式尤其适用于没有明显推广优点的产品。

1983年，美国温蒂速食汉堡连锁店用3000万美元，配合名噪一时的“牛肉在哪里”的广告语，与美国棒球联赛合作举办抽奖活动。后来促销活动非常成功，第二年温蒂的销售额增加了20%。

（1）抽奖活动需要注意的规则

①要明确注明活动的截止日期。

②要列出评选方法，并说明如何宣布中奖名单。

③列出参加活动的条件，比如消费满多少金额等。

④列出奖品或者奖金额度。

⑤说明奖品兑领赠送方式。

（2）抽奖促销活动应注意的事项

①奖品要有诱惑力，可考虑大额超值的产品吸引人们参与。

②活动参加方式要简单化，太过复杂和难度太大的活动较难吸引客户的参与。

③抽奖结果要公正公平，对抽奖结果的真实性要有一定的保证，并及时向参加者通告活动进度和结果。

④抽奖促销活动虽然很容易吸引顾客参与，但是成本比较高，而且得到奖品的顾客对于推销活动的目的并不是很清楚，有时候甚至对奖品也不感兴趣。这就需要店主想办法提高顾客的积极性，并尽可能地宣传活动的目的。

⑤参加抽奖活动要设定一定的条件，并非任何人都能参加。如果用得太多太滥，除非奖品极具吸引力，否则很难引起顾客兴趣。

6. VIP 客户的促销政策

在微利时代，商家和消费者都普遍意识到：无论怎样宣传，低于成本销售的产品是不太可能的，即使有短期倾销，也不会持久。而由价格战所引起的同行之间的血拼，却会不可避免地导致行业间利润率降低，最终形成“双输”局面。打折时才去购买你产品的群体，往往并不是你的固定消费者。

一味地价格让利并不利于企业形象的维护和提高，甚至可能让消费者产生产品质量不过关的疑虑，得不偿失。

采取 VIP 卡的方式，实行会员积分、按积分赠礼等活动，定期或者不定期的让利，积分达到一定的程度，就可以换购其他商品，获得相应的礼物。VIP 卡的方式锁定了一部分消费者。为 VIP 卡用户提供比普通消费者更优质、更及时的套餐服务，让消费者在购买产品的同时，感觉到宾至如归。通过这种 VIP 服务的方式，卖场留住了回头客，让顾客买得更久。当然，不同的商家、不同的决策层都会对其有自己独到的看法，适合自己的才是最好的。

小贴士：如何选择赠品

1. 赠品与自己的商品应该有关联。做女装送饰品，做童装送玩具或文具都是不错的选择，如果是定制设计的限量赠品就更弥足珍贵了。有人为了收集史努比公仔，连夜在麦当劳门口排队等开门。

2. 赠品要精。只有精品才能赢得顾客喜欢，才会爱不释手。有的消费者就是看中了赠品才实施自己"买椟还珠"的购买行为。

3. 赠品要有高使用率。赠品一般都是价值较低的易耗品，比如赠洗涤用品，迎合了家庭主妇的胃口，因此很受欢迎。如果赠品到手后一次也没被使用过，那就"白送了"。

4. 赠品要重质量。赠品本身是笼络人心的感情物品，若因质量问题让顾客受气，那就得不偿失了。

第五节　零售公共关系

公共关系是市场营销的一个重要工具，它是指为维护和促进企业形象或某个特定产品所做的努力。它承担着为零售商在其公众中塑造良好形象的一切沟通联系活动。

一个零售商不但要与顾客、渠道成员发生联系，还要与其他群体如员工、投资者、政府、中介协会、新闻媒体及一般公众发生联系。零售商与众多社会群体关系的好坏决定着企业能否长远健康发展。

零售行业建立良好的公共关系，不仅能有效地争取公众的理解、信任和支持，而且能够塑造美好的店铺形象，建立良好的声誉，唤起潜在购买者的购买欲望，为店铺发展创造一个良好的外部环境。

1. 公共关系的特点

零售公共关系有其独特的特点，公共关系促销的特点如下：

传递信息的全面性。为塑造良好的店铺形象，取得顾客的信任与支持，公共关系所传递的信息是大量而全面的。

对公众影响的多元性。公众中不仅包括用户和顾客，而且包括供应厂商、社区媒介、政府和企业内部职工等。因此，在公众面前，必须做到既积极顺应公众的意见，又努力影响公众的意见，从而赢得在公众中的正面形象，为店铺的发展创造条件。

公共关系成效的多面性。公共关系可以促进商品销售。当其他各种因素相互抵消以后，决定人们购买倾向的往往是店铺形象，人们会以对商店的好恶来决定对其商品的取舍。公共关系还可以鼓励投资，随着金融市场的进一步开放，通过公共关系会给企业赢得投资。所以要重视公共关系工作，有效地利用公关来树立自己的良好形象。

2. 公共关系活动形式

正确开展公共关系活动，能沟通企业与公众的关系，树立美好的企业形象，给企业带来良好的经济效益。

(1) 公共关系活动内容

公共关系活动内容主要有以下几个方面：

新闻宣传。即争取一切机会和新闻媒介单位建立联系，及时将有新闻价值的信息提供给报纸、杂志、电台、电视台等新闻媒介，借以扩大企业影响，加深顾客印象，鼓励员工的工作热情。

赞助和支持体育、文化教育、社会福利等，建立一心为大众服务的形象。

积极收集公众对经营、商品服务方面的意见和建议，及时将改进后的情况告知公众，求得公众的谅解和理解。

建立与消费者、社会团体、政府机构、银行等单位的密切联系，主动向他们介绍企业的经营情况，听取他们的咨询意见，争取他们的支持。

积极组织和参加各种专题公关活动，通过举办新闻发布会、展销会、联谊会、庆典和开放参观等专题活动介绍企业情况，推销商品扩大宣传，强化形象。

建立企业内部公共关系制度，协调企业与各部门、各方面的关系。

（2）公共关系活动的形式

公共关系的内容决定了公共关系活动的形式主要有以下六种：出版物；事件（新闻发布会、展览会、赞助活动、企业开放日、周年庆典、开幕式等活动）；新闻；演说；提供电话服务；媒体识别。

开展公关活动并促销成功的美国工商企业，从大量实践活动中认识到：公共关系活动不同于一般的生产和销售工作，它的效果很难在短期呈现。美国公关专家告诫说，开展一两次公关活动而未见明显成效，譬如销售额未有显著上升，便认为公关实践对促销无效，从而弃之不用，实在是患了“近视症”。厂家应克服急功近利心理和短期行为。

公共关系促销的根本秘诀，正在于向着既定目标持续不懈地努力。公众初次听到某个消息，可能并不立即做出反应，但反复收到公关活动发出的同一商品和服务资讯，对企业和产品有了信誉，便不知不觉加入用户的行列中来。公共关系促销需要的是“春风化雨”的耐心和高超过人的技巧。

可口可乐是世界十大著名品牌之一，它之所以能在世界各地“称王称霸”，取得巨大成功的奥秘之一，就是运用公共关系促销术开拓市场、巩固市场。可口可乐公司是在我国实行改革开放后，第一个闯入我国内地市场的外商。

1979年1月，第一批可口可乐通过香港进入内地，当时只在各地友谊商店和涉外宾馆销售。1979年4月，可口可乐公司免费赠送我国价值140万元的生产线，并在北京的一家外贸企业投产，同时，无偿提供了相应的工艺和技术标准。1981年下半年，在中国罐装的可口可乐首先在北京西单食品商场“露面”了。结果这“一赠送”“一露面”，却在中国市场上一“送”而不可收，中国消费者很快接受了可口可乐，尔后该企业在中国投下了1亿美元，建了19个罐厂，几乎在中国各省都建立了销售网络，稳稳地占领了中国饮料市场。

无独有偶。

青岛橡胶九厂（双星集团前身）运用公共关系促销术也避免了一场危机，化险为夷，还促进了企业的发展。1991年年初，《青岛日报》刊出青岛橡胶九厂的一则与众不同的广告，广告说：由于鞋面材料的问题，近来该厂生产的PU老人健身鞋中，有些不合格产品也流入了市场，工厂除向消费者致歉外，还负责换鞋。原来前段时间厂里进了一批台湾产的不合格鞋面材料，一些顾客提出退换鞋。登广告前，有人主张谁来就给谁换，悄悄地解决这件事。

厂领导则决定登广告赔偿顾客的损失，并派人把已发到商业部门的319箱产品换回来，还将仓库里的4863双鞋也全部封存。加上给顾客换的鞋，连同广告费，厂里共损失20余万元。青岛橡胶九厂这种把顾客利益看作高于一切的做法，深受公众的欢迎。

1991年1月18日，《人民日报》在头版显著位置刊登了以《特殊广告》为题的新闻，用热情的笔调介绍该厂刊登“特殊广告”的经过和由来，赞扬他们对消费者负责的精神。这则新闻的发表，大大提高了该厂的信誉和知名度。它使青岛橡胶九厂不仅迅速弥补了原来损失的20余万元，而且使企业进一步打开了市场，生意越来越好。

第五章　业绩为王

——万众创业，提升生意的数据分析法

在店铺的经营管理过程中，会产生大量与营销有关的数据信息，这些数据信息是店铺研究市场营销规律，制订订货、补货、促销计划，调整经营措施的基本依据。随着资讯科技的发展，店铺对营销数据的归集、整理、分析能力需不断增强。

某些经营理念好的店铺已经安装了专业的销售软件，在店铺还配备了专业的数据分析员进行及时的数据分析并做出对策。加强营销数据的采集与管理，并进行合理、正确、有效的实时性分析，有助于店铺逐渐克服经验营销导致的局限性或对经验营销者的过度依赖性，形成科学营销的新理念，提升店铺的市场认识能力、市场管理能力和市场适应能力，最终提升店铺的业绩。

第一节　提升生意的必备数据分析

1. 销售数据分析

销售数据的分析系统包括以下两大方面。

一是实时监控，使店长每天可以通过简洁的数据掌握各店、各区、各中类甚至是各子类的销售指标是否正常，建立预警机制，在销售危机刚萌芽时就能及时应对。

二是时段分析，如可以将年货45天的时间，分成三个时段：启动期、高潮期、正月期。每个时段刚结束时，各大业务部门就得对各区的销售数据进行分析，并结合绩效考核机制，客观公正的考评下属的业绩，同时引导大家不但关注销售数量，而且更要关心商品库存。

（1）销售状况的实时监控

这种日报表，可以从全店到大区到中类到小类甚至子类，它能起到以下作用：

①销售进度掌握，反映各店各类累计销售、增幅和达成率。

②销售实时监控，哪些门店，哪些地方出现了问题，及时提醒。

③品项控制，随时反映各品类每天的销售，以便库存跟进。

④通过与各门店之间的比较，找出需改进的门店及品项、需更加跟进的弱势门店及品类等。

经常可以听到，某些门店管理人员说，自己销售差，是因为市场穷，人口少，竞争激烈，甚至说该市场的人不喜欢哪些哪些……完成率低可以说是总部下的预算太高，但你的门店自身较去年同期的增幅是最能反映你和其他门店相比是在进步还是在退步的。

（2）销售数据的时段分析

虽然，店长平时也在做周报及月报检查，但很多时候只停留在较粗的大类、中类上，较少涉及子类或单品。如果不进一步分到细处的话，可能很难找出问题的根本所在，无法实现对症下药。

完备科学的时段销售分析，可以起到以下作用：分析店铺在特定的销售时段具体的销售数量、增幅及达成率。分析店铺的重点品类销售、库存是否正常合理。通过对前一时段的分析总结，做出后一时段的操作方案。

同时，商品分析还应包括，重点商品销量分析（即 TOP 分析）、促销分析、库存分析和费用（财务）分析等。为了节省时间，以上分析可以将常规分析省略，着重分析异常情况，可以通过大量的表或图，清晰、透彻地看到各店、各类的变化再结合详尽的分析说明，提出改进措施或意见。这样将对今后的商品销售起到很大的推进作用。

2. 顾客数据分析

完成店铺目标的主体结构需要有一个关于顾客和潜在顾客的数据库。建立这样的一个数据库是一项富有挑战性的任务，但是对于完成店铺的基准目标却有着深远的影响。这一过程开始时要在店铺里完成销售记录体系、保质承诺卡、服务运作报告和专业培训手册，以保证进入体系后不至于什么都要重新建立起来。下一步就要集成规范销售人员的关系管理数据库、会计报告、顾客信用档案、产品使用评价以及其他的数据资料。

如何获得顾客数据呢？可以采取以下方式：首先，定位好产品的人群；其次，了解定位的人群最喜欢或最需要的是什么；最后，考虑哪种形式能把顾客聚集在一起或从哪个部门可以拿到这些顾客的数据。举例来说，有一种治疗偏瘫的保健品，在一个省会城市打了半年的广告，销量还是没有什么改变。后来有一个业务员的业绩一直很好，她是这样做的：该业务员的顾客都在医院，她每天要去医院的康复病房一趟，她发现这儿的偏瘫病人很集中，于是就从认识的一个朋友的母亲开始，进行一系列的活动，又通过这位母亲向周围病床拓展，结果，有了五十多个固定顾客，一个月使用这种保健品一个疗程，这样她的销售收入是很丰厚的。

在营销中使用数据库，准确性、实时性和完整性的问题总是会出现，如有的消费者在要求填写表格时，存在许多顾虑，会有意填错或漏填一些数据，如果输入的是劣质数据，而且也不做出任何改变，那么输出的也会是劣质的数据。一项成功的营销活动中最重要的因素就是营销数据的质量。如果你希望你的市场信息能够到达需要它的人手中，数据的完整性和准确性就需要长期不懈的努力才能得以保证。

此外，数据分析中最为关键的是数据提炼，数据提炼最好的方式就是电话咨询量、网站点击量和定期的现场咨询量，在营销数据库中进行数据提炼可采用以下一些方法：预测顾客的购买能力；向最有可能做出反应的潜在顾客进行沟通；确定最有价值的顾客；使你的钱包份额最大化；确定并剖析忠诚度最差的顾客；衡量广告活动的效果；根据顾客以往的产品购买情况向其推销其他商品。

数据分析的主要目的就是让你的忠实顾客更多，同时了解这些顾客对于你今后开发业务是否有其局限性和有无沟通性。这样就可以节约很多时间，也可以为店铺减少成本支出，提高效益。

在这个运作过程中，我们主要掌握的一点就是在每一次的数据输入时，都要进行再一次的核实，或者把不完整的数据补充完整，并对每一次完成的数据定时地进行分析和咨询处理，这样可以使你的数据更有效率。

3. 营业额数据分析

财务分析的基础工具是门店的资产负债表和损益表。这两张报表概括了门店的财务状况对门店经营业绩的影响。店长需要掌握这些财务工具的分析使用。

（1）资产负债表

资产分为流动资产和长期资产（简单来说就是固定资产，包括门店房产、设备、办公用品等），负债分为流动负债（包括短期借款、给供应商欠款、职工工资等）和长期负债（一年以上的借款为长期负债）。资产负债表通过显示资产和负债比例，可以反映出门店的经营效率（该表在指导运营中意义不大，但对投资人意义重大）。

①流动比率

流动比率 = 流动资产 ÷ 流动负债

流动比率表明门店是否有能力用流动资产偿还流动负债。如，流动比率为 2∶1 是被认为安全的比率，表明该门店可用 2 元的流动资产偿还每 1 元的流动负债。如果流动比率小于 1，即流动资产小于流动负债，则意味着该门店的现金入不敷出，离破产不远了。

②速动比率

速动比率 = 速动资产（现金 + 应收款）÷ 流动负债

当门店的流动资产被大量的存货所占用时，就需要用速动比率来检测门店偿还负债情况。速动比率是指速动资产对流动负债的比率。它是衡量企业流动资产中可以立即变现并用于偿还流动负债的能力。一般为 1 以上的速动比率是合适的比率。对于门店来讲，将大量现金压在货物上是非常不明智的行为。

（2）损益表

损益表反映出门店是否赚到利润。它由销售收益、成本、费用三部分组成。通过对损益表细致分析，可以得知有许多种方法可以用来改进一个门店的赢利经营情况。

增加销售额，但是要确保不要同比例增加销售成本或是营业费用。降低销售成本，但是要确保不要同比例减少销售额或是同比例增加营业费用。降低营业费用，但是要确保不要同比例减少销售额或是同比例增加销售成本。

店长要分析不同时期各种费用的增长或减少的原因，不要仅仅简单地靠增加销售额来改善门店经营情况。

店长了解了资产负债表、损益表两张基本的财务报表之后，还要通过各种财务指标计算公式，来具体了解店铺的赢利水平、费用成本等具体的财务状况，以便根据情况做出对策。一些基本的财务指标及其计算公式如下：

营业额达成率：是指门店的实际营业额与目标营业额的比率。其计算公式如下：

营业额达成率 = 实际营业额 ÷ 目标营业额 × 100%

营业额达成率的参考指标在 100% ~110%。

毛利率：是指毛利额与营业额的比率。反映的是门店的基本获利能力。其计算公式如下：

毛利率 = 毛利额 ÷ 营业额 × 100%

毛利率的参考标准是 16% ~18% 以上。

营业费用率：是指门店营业费用与营业额的比率。反映的是每一单位营业额所包含的营业费用支出。其计算公式如下：

营业费用率 = 营业费用 ÷ 营业额 × 100%

该项指标越低，说明营业过程中的费用支出越小，门店的管理越高效，获利水平越高。营业费用率的参考标准是 4% ~16%。

4. 单店货品销售数据分析

我们来看一下单店货品畅滞销款分析：

畅滞销款分析是单店货品销售数据分析中最简单、最直观也是最重要的数据因素之一。畅销款即在一定时间内销量较大的款式，而滞销款则相反，是指在一定时间内销量较小的款式。

款式的畅滞销程度主要跟各款式的可支配库存数（即原订货加上可以补上的货品数量的总和）有关，比如某款销售非常好，但当初订货非常少，也无法补的到货，这样在很短的时间内就销售完了，其总销售数量并不大，那么也不能算是畅销款，因为该款对店铺的利润贡献率不大。

在畅滞销款的分析上，从时间上一般按每周、每月、每季来分；从款式上一般按整体款式和各类别款式来分，可以列出货品畅滞销排行榜（见

表5－1）。畅滞销款式的分析首先可以提高订货的审美观和对所操作品牌风格定位的更准确把握，多次的畅滞销款分析对订货时对各款式的审美判断能力会大有帮助；畅滞销款式的分析对各款式的补货判断会有较大帮助，在对相同类别的款式的销售进行对比后，再结合库存，可以判断出需要补货的量，以快速补货，可以减少因缺货而带来的损失，并能提高单款的利润贡献率；畅滞销款分析还可以查验陈列、导购推介的程度，如某款订货数量较多，销售却较少的情况下，则首先应检查该款的陈列是否在重点位置、导购是否重点去推介该款；畅滞销款分析可以及时、准确对滞销款进行促销，以加速资金回笼、减少库存带来的损失。

表5－1　　货品畅滞销排行榜

货品畅滞销排行									
	排名	类别	款号	颜色	销售数量	销售金额	库存数	畅销原因	策略
本周畅销前十名	1								
	2								
	3								
	4								
	5								
	6								
	7								
	8								
	9								
	10								

续 表

货品畅滞销排行									
	排名	类别	款号	颜色	销售数量	销售金额	库存数	滞销原因	策略
本周滞销前十名	1								
	2								
	3								
	4								
	5								
	6								
	7								
	8								
	9								
	10								

5. 库存量数据分析

对于品牌公司、省级代理商或开单一品牌多家店铺的加盟商而言，店铺之间的销售对比与货品调配能有效提升总仓的物流管理能力以及各店销售水平和解决库存能力。

以服装为例，我们可以通过某一时间段内所选定的店铺之间的销售/库存对比分析表格来做多店之间的货品销售数据分析管理（如表 5 – 2 所示）。对于销售/库存对比表，一般店铺的选择是在同一区域内；在款式选择上一般是上货时间差不多。

表5-2　　某品牌4月1日—14日销售/库存对比表

款号	总仓		A店铺		B店铺		C店铺		……
	销售	库存	销售	库存	销售	库存	销售	库存	
款式X	1138	65	12	42	85	14	52	20	
款式Y	356	42	46	14	12	50	9	11	
……									

在例表中，其中款式X有三个重要问题，第一个问题是，所有的店铺销售都不错，为什么A店铺销售不太好？是因为A店铺当地确实不喜欢该款的风格，还是该款的陈列有问题，还是导购在该款的推介上有问题……是否需要将该店铺库存往其他店铺进行调拨？第二个问题是，该款的整体销售都不错，结合该款的销售生命周期，总部是否需要继续下单生产，需要下多少。第三个问题是，就目前的总部库存而言，应该如何给B店铺和C店铺进行分配，是平均分配，还是先满足某一家店铺？

而款式Y则有两个问题：第一个是A店铺和B店铺的销售库存存在较大的反差，应考虑将两店的该款货品进行调配，这样不但可以提高该款在A店的销售量，而且可以有效降低B款的库存；第二个是C店铺销售一般，但库存也较少，其销售是因为本身订货量不足还是本身销售潜力所致，是否应考虑将总仓库存再给C店铺补点货。当然，在实际的店铺之间的销售/库存对比分析工作中，还会出现更多的现象，只要能对不同的现象进行分析并做出相应对策，就会对店铺间的销售提供较大的帮助。

6. 营业时间数据分析

一般一个地区的店铺开业和打烊时间都是差不多的，但中间的班次安排就可能有所区别。这就要求我们对每个时间段的进店人数、试穿人数、成交票数和金额等进行分析，从而得出哪些时间段的进店率、进店试穿率和试穿成交率更高，再根据这一结果对员工班次进行调整。

比如上午这些因素数据较低而下班前一小时这些因素数据较高，则可考虑改变全天营业时间；比如某一时间段这些因素数据非常集中，则可考虑将最多的员工、精力、促销等集中在这一时间段……通过准确的数据分析来合理调整工作时间和工作安排，能有效促进员工工作激情和销售增长。

7. 竞争品牌和周边店铺数据分析

现今的生意已不是关起门来把自己的品牌和店铺做好就可以的，而是竞争非常激烈，谁能取得竞争的优势，谁就能抢得市场份额。所谓知己知彼，百战不殆，只有准确了解竞争品牌和周边店铺的销售信息，才能针对性地制定对策，以赢得市场竞争优势。

竞争对手和周边店铺的商品类别销售数据对我们的销售非常有参考价值。比如我们是做休闲类服饰品牌，商品类别非常广泛，而隔壁有一个定位与我们完全相符的专业牛仔品牌专卖店，这时我们的牛仔销售数量肯定会受到冲击，那么此时我们在订货管理中就要避开与之相近的牛仔款式，而挑选与之有一定差异的牛仔款式，并在牛仔的订货量上减少。

又比如我们的同类竞争品牌，其衬衫销售较好，而我们则是针织 T 恤更为强势，这样我们在订货管理中则把重点放到 T 恤上，同时研究该品牌的衬衫的特点，在我们的衬衫订货当中加以区别……

当然，这里所说的订货管理的订货量减少只是在订货数量，而不是在款式数量，如果减少了款式数量就会让整盘货的陈列和搭配不合理，从而影响整体店铺陈列形象。充分发挥自身品牌优势，而避开对手的强势，才能在激烈的市场竞争中处于更强的地位。

8. 老顾客贡献率分析

行销学一个著名的法则叫作 80/20 法则，在顾客管理理论中是指 20% 的顾客完成 80% 的销售额，而这其中的 20% 的顾客即我们的老顾客，特别是持我们品牌 VIP 卡的顾客。所以对于老顾客的管理是店铺管理中最重要的项目之一。

由于某些品牌和店铺对 VIP 卡的办理条件制定不合理，或因顾客的其他特殊原因（如他人赠送购物、旅游购物等），常常造成部分发放的 VIP 卡为无效卡。相反，一些顾客虽然经常光顾，却由于某种原因一直无法达到 VIP 办卡条件，这对持有店铺 VIP 卡顾客的管理都带来了一定的麻烦，所以老顾客的贡献率分析就显得尤为重要了。

我们需要对老顾客（特别是持 VIP 卡的顾客）的例次消费进行登记和统计，并对特别重点的老顾客进行消费特点、消费频率和消费金额的分析。这样首先我们可以制定出更合理的 VIP 卡办理条件，其次是对老顾客的管理工作就更加准确了。比如有针对性地对老顾客进行短信祝福、新货及促销活动的通知、VIP 专属特权、生日及节日礼物等工作，对老顾客的品牌忠诚度和再次购买的欲望等都会有较大的提升。

9. 员工个人销售能力分析

通过员工个人销售能力分析，店长可及时了解和掌握每个员工的工作能力和工作心态，以便对症下药，提高个人销售业绩。

不论在计算销售绩效提成的时候是按个人业绩还是按平均业绩，店长都要对每位员工的销售业绩进行统计。个人销售业绩分析包含两个方面，一个是每月个人销售业绩，另一个是分时间段个人销售业绩。

每月个人销售业绩主要由两个因素构成，第一个是个人的销售能力和工作积极性，第二个是个人“抢生意”的能力。通过每月的个人销售业绩分析，不仅可以看出个人的销售水平和工作积极性，还可以判断出团队协作意识和店长的团队协调和管理水平。

分时间段的个人销售业绩一般是由店长即时性进行统计和比较的，如某些员工在一段时间内销售业绩出现异常，则可能是该员工的心态存在问题，比方说是否家中有事、失恋、对公司管理或上月工资不满、与同事发生矛盾等。店长应及时去了解并帮助其解决，以改变其心态，从而提高该员工的个人销售业绩。

我们可以通过员工个人销售能力分析表来观察和总结销售员的业绩情况。如表 5－3 所示。

表 5－3 员工个人销售能力分析表

统计周期	姓名	销售额	成交笔数	成交件数	连带率	物单价	客单价	人员问题诊断分析结论
合计								

10. 品牌的市场定位分析

一个品牌如果没有找准自己的定位，其招商难度就会大增，而且很多店铺即使地段、面积等方面在当地都是一流的，却总是业绩不好，或从事该品牌的投资回报比过低，这都是因为对市场的定位不够准确。

服装品牌的定位主要由三个方面构成：一是产品定位，主要包括产品的风格和价格等；二是顾客群体定位，主要包括顾客群体的年龄、收入、职业、学历等；三是市场定位，主要包括城市定位、店铺地段定位和店铺面积定位等。

把握准确的市场定位对于招商策略和招商计划的制订和实施、改善店铺服务质量和服务标准、提高加盟商的投资回报比都是有着极其重要的作用的，而准确把握市场定位的唯一可靠依据就是进行数据分析。

（1）城市定位分析

品牌公司总部或省级代理商首先将区域市场进行划分，按市场类别分如地级市市场、县级市场和乡镇级市场等；按地理位置分如南方市场、北方市场等。然后按全年计算出分类后的不同市场的投资回报比，这样便可看出我们的品牌是更适合南方市场还是更适合北方市场，是更适合一线市场还是更适合二线市场，是更适合南方的一线市场还是更适合北方的一线市场……

这样的结果对品牌公司总部或省级代理商的招商策略制定有着非常重要的意义，是一个前期的方向性问题。把最适合的市场作为重点拓展对象，对店铺的长远扩张和稳定发展都有非常大的好处。

（2）店铺定位分析

某些品牌公司总部或省级代理商在招商时过于在乎店铺面积，认为店铺面积越大越好，这也是不科学的。我们应该通过全年的不同面积段店铺的投资回报比分析结果来确定最适合我们品牌的面积段，如60～200平方米，300～500平方米等。哪一个面积范围是赢利最大的，我们在招商的时候就重点放在这个面积范围，如一些好的意向加盟商其店铺面积不够，我们可以帮助其寻找到达到这个面积范围的店铺，相反如果某位加盟商店铺面积超出，则可以考虑隔开一部分，以保证加盟商单店的最高赢利，从而增强其对公司的信心和忠诚度，并提高了终端店铺的质量。

店铺定位的另一个因素就是店铺的形式，主要有沿街店铺、百货商场和店铺卖场等，其依据也同样是分类别进行赢利分析对比，使得我们的品牌定位与店铺的面积和店铺形式定位完全相符。

在实际的店铺管理运作中，我们可以把每个数据分析项目制成统一的表格，并按照每月时间制订一个数据分析计划表（如表5－4所示），将以上各个数据分析的项目罗列出来，按照所制订的计划时间进行分析和总结，指导接下来的工作计划和工作实施，使后面的工作思路和方向更加明确。

表5-4 数据分析计划表

数据分析项目	每月分析频率和时间	备注
畅滞销款分析	每周一分析上周	列在销售周报表中
单款销售生命周期分析	每月1日、16日分析上半月	分析重点款即可
销售/库存对比分析	根据上货时间安排	分析重点款即可
人流量及销售时间特点分析	店铺营业时间确定前	可在不同季节变化做一段时间的数据统计和分析
老顾客贡献率分析	每月3日前	即时登记顾客购买
导购个人销售业绩分析	每月3日前	每天登记个人销售业绩
导购客单价分析	每周一分析上周	即时登记并列在周报表中
品牌的市场定位分析	每年年度总结	由公司总部或代理商完成
竞争对手数据分析	即时	重点针对促销时间和对手新品上市时间

小贴士：提升卖场销售业绩的小技巧

1. 商品：最重要的就是商品组合，要根据卖场的定位，来组织自己的商品，有的卖场好卖的商品不一定其他的卖场就好卖，要懂得根据卖场不同的定位来进行货品分流。组合好商品后，紧接着就是制订相应的价格带。合理的价格带，也是提升业绩的保障。

2. 陈列：好的陈列是最好的导购，要将商品生动化，靠的就是陈列技巧。陈列方法要根据商品的不同来变化，但是有些共同点：商品饱满度，清洁度，价格签的摆放，宣传品的摆放，美观度，可视度，可取度等。

3. 布局：卖场各个路径要保持通畅，要根据顾客浏览的行动路线，来布局自己的卖场。主展区、辅助展区、促销展区的商品要充分利用各展区的优势进行互补。还需要根据季节来布置卖场，让卖场能吸引顾客，更能留住顾客。

4. 促销：促销的目标有：让消费者试用新产品或既有产品的策

略；促使消费者续购策略；维持消费者长期的品牌忠诚度策略；一定时间提高消费者购买频率及购买数量策略；清除库存策略；促使顾客光临现场策略。促销不是灵丹妙药，无法解决所有问题，更不能做没有主题的促销。促销活动要有创意，目标要明确，促销前需要在货品、人力、卖场进行谨慎的规划。在做促销活动的时候一定要造势，做出氛围。促销活动结束后一定要对促销活动的效果进行评估。

5. 人力：营销人员要熟悉商品知识；要了解每一位员工的性格，要了解他们的优点和缺点，要懂得发挥营销人员的优点；要多鼓励少批评，当有人犯错的时候，严厉的批评则不如给他一个恰如其分的鼓励，这样做效果会更好。营销人员的服务也是至关重要的，现在的消费者购买的不只是产品，更多的是服务，而且是优质、高端、多元化的服务。

第二节 提升店铺生意的目标达成

2015 年，国务院总理李克强在政府工作报告中首次提出，“制定‘互联网 +’行动计划，推动移动互联网、云计算、大数据、物联网等与现代制造业结合，促进电子商务、工业互联网和互联网金融健康发展”。“互联网 +”随即成为关注和讨论的热点。

“互联网 +”时代的到来，又称为互联网 2.0 时代。通过“互联网 +”，将创新成果深度融合于经济社会各领域之中，提升实体经济的创新力。在店铺管理过程中，要充分认识到当前的社会背景和深刻的社会变革，才能不被时代所抛弃。

我们常说“计划工作是管理工作的基础，目标是计划工作的终点，一个有效的目标管理规划必须交织在一个完整的管理方式中”。而对于终端店铺而言，什么样的目标管理方法能令终端店铺整体销售业绩提升？尤其是在即将到来的销售旺季，面对业绩、服务、货品、陈列等各种问题，我们该以什么样的方式或标准去设定目标？既定的目标又该如何落实、执行？

1. 店铺管理三大目标

当谈到店铺目标时，很多终端管理者都会说，我们这个月的目标是业绩要提升百分之多少，或者今年我们的业绩要达到几百万元，事实上，这是商家对自己的店铺目标任务不清晰的一种表现。

商家所说的一连串的数字只是一个短暂的或者是终端店铺总体业绩提升中的生意目标，店铺的整体业绩提升所包含的不仅仅是生意目标，还包括服务目标和运营目标。终端管理者只有从这三点着眼，才能令店铺总体销售业绩提升或者是总体营业额的目标得以实现。

（1）生意目标

生意目标指的是制定的这一年、一月或者是这一周、一天甚至一个时段的店铺营业目标。将目标数字化有助于管理者了解生意的走势，从而为营销人员制定相应的销售目标。

在这里我们要强调的是制定时段目标，因为很多品牌在制定目标时往往做不到制定时段目标，事实上，要想完成每一天的销售目标，尤其要完成营业额目标任务，时段目标非常重要，为什么？

第一，时段目标可以减轻员工对一整天总销售额的压力，随着每一时段目标营业额的完成，营销人员的自信心就会被激发，情绪也会随之高涨。

第二，可以使营销人员对工作有很强的紧迫感，让他们在每个小时都去追目标，从而在每个时段都能做到全情投入。

表 5－5　　　　　　　　　　　生意目标制定表

店铺：____________　　日期：____________

当天目标：____________

时段目标：____________

至　　　上午；　　　　　（实际完成）

至　　　中午/下午；　　（实际完成）

至　　　晚上；　　　　　（实际完成）

总件数：____________

重点产品数量目标：____________

附加推介重点：（产品）____________（件数）____________

连带率：____________

表 5－5 是一个时段目标制定表格，这种表格式的管理可以帮助管理者和员工都清晰地了解自己当天三个时段的销售业绩，从而有利于管理者对员工进行目标的跟进，激励员工，总结经验。

（2）服务目标

从早晨营业到晚上关门，服务是其中非常重要的目标，因为服务可以透过员工对待顾客的态度、方法，令客人产生购买行为，从而使生意目标得以达成。

和生意目标一样，在不同的时间段，管理者都应该制定不同的服务目标，比如周一到周四，客流量不是很大，销售营业额和生意额都相对低一些。这时候，员工就应该把焦点放在如何更好地提供优质服务上，即从顾客进店到离开，怎样为顾客提供好每一步的服务。第一步的迎宾我们应该怎么做？

通常大家都知道迎宾是跟客人打招呼，但是什么样的招呼用语是最合适和有效的，或者是最好的，需要有一个清晰的标准。具体要有四个步骤：第一步是要面带笑容；第二步是要露出八颗牙齿；第三步是要有亲切的招呼用语；第四步是要面对不同的客流高峰要用不同的用语。比如早上到店，打招呼，要用“早上好”，晚上的时候就要改成“晚上好”，如果是新品上市的季节，招呼用语就要改成“新品到店，欢迎光临”，元旦的时候要改成“新年快乐”。

当然不同的店铺可以使用不同的招呼用语，比如欢迎光临某某店铺，可以让顾客加深对该品牌的印象。曾经有一个在中国的日本服装品牌，他在迎宾上就采用了首先用日语问候，然后用中文，同时在问候时会加上欢迎光临日本品牌×××，让顾客有一个新鲜感，从而抓住顾客的注意力。

除了接待顾客的服务标准，店铺在每个月或是每周都应该制定相应的服务主题，比如这个月我们的服务主题是如何通过建议式推销来完善每个员工建议式推销的能力。

总的来说，每个时段制定不同的目标服务主题和标准，营销人员就有了服务的努力方向、方法，管理者就可以根据服务目标对员工进行跟进，从而落实到每个员工的行为中。

（3）运营目标

运营目标是指店铺在运营管理方面应该达到什么样的标准，包括店铺的音乐、卫生、灯光、店铺货品的陈列，应该达到一个什么样的目标，才能给顾客创造赏心悦目的购物环境。

具体来讲包括橱窗模特店铺的陈列每周应该调整几次？音乐方面，客人多和客人少的时候，应该怎么样去调整。比如销售旺季，我们就应该放一些动感的、能令顾客感受一种节日气氛的音乐。

2. 现场管理五大法则

确定了目标，接下来就是如何去实现。在终端店铺，想要完成以上三大目标，就需要进行行之有效的方法和步骤，我们把它称为现场管理的五大法则。

（1）目标分解

终端店铺的设定目标包括三方面，对于每一个目标我们都会制定相应的衡量标准，以生意目标为例，管理者常常会对营销人员强调我们今年的销售目标总额是多少万元，落实到每个人又是多少，这些数字并不是管理者自己随心所欲提出来的，要制定科学而有效的目标营业额，需要建立在目标分解原则的基础之上。

店铺整体目标分解原则需要考虑以下几方面内容：

一是分析去年同期的销售额。根据去年的生意额，在分析今年销售趋势的情况下，设定今年生意额适当的增幅，确定年度目标。

二是要考虑是否有促销或推广计划。先明确去年的同期销售额，从中总结确定今年是否需要进行促销或推广计划。如果需要，就要制定相应的促销目标大致标准，如表 5 -6 所示。

表 5 -6　　促销计划目标设定表

去年同期月度销售额：＿＿＿＿＿＿	＿＿＿＿＿＿万元
本月促销促进生意增长比例：＿＿＿＿＿＿%	增长幅度：＿＿＿万元
今年增长比例：＿＿＿＿＿＿%	
本月业绩指标：＿＿＿＿＿＿	＿＿＿＿＿＿万元

三是在店铺中，除了制定年、月、日等目标之外，还需要注意和思考员工目标的制定，毕竟，每个人在销售能力、优缺点方面都存在差异。所以目标制定也要因人而异，具体到位。

员工目标制定主要从以下四个方面衡量：营销人员过往成绩；该月份个别营销人员上班天数；营销人员的销售能力；营销人员的经验，产品知识等。同时，对于经验充足的营销人员，可由员工自行订立目标；对于经验不足的营销人员，须由店主根据员工个人能力适当指导及协助营销人员完成目标订立。只有充分考虑这几点内容，制定的营销人员目标才会更加合理，在应对落实过程中，才会更加有效。比如对于老员工，我们希望更多鼓励他自己制定目标，而对于新员工，我们则需要从指导的角度去帮助他制定目标，有些新营销人员因为经验不足，对于制定目标，没有信心，比如他定的销量是500件，但其实通过观察我们发现他是有能力达到800件的，这时候我们就可以鼓励他，告诉他，“其实你是有能力达到800件的，我会帮你做指导一起来完成”。通过这样的鼓励帮助员工建立信心，从而实现目标的达成。

确定了目标分解的原则，接下来就是目标分解的步骤：

①准备该月每日销售目标图。

②准备参考资料，例如该月节日、天气等。

③准备过往营业数据，例如上月每日营业额、去年同月每日营业额，等等（例如去年同期20万元，今年增长10%，则目标为22万元）。

④如果有该月份大型推广活动时间表，可一并考虑在内（如有，促销一般促进生意10%，则目标为24.2万元）。

⑤从参考数据中找出一星期七天营业额所占比例。例如星期一至星期四各占12%、星期五占16%、星期六及星期日各占18%，合共100%。

⑥将该月的销售目标均分四等份，该月内每星期各占一份，将每等份按照上述比例分配，结果写在“每日销售目标图”上。

⑦参考节日、天气、大型推广活动等资料，调整分配出来的数字，至满意为止。

⑧至此，该月份的“每日销售目标图”大致上完成。

⑨核对“每日销售目标图”上总和应该相等于该月的销售目标。如有偏差，适当分配调整数字使之一致。

（2）目标的落实

“这个月生意目标要卖到多少钱？用什么样的方法来完成这个营业额？这个月的服务目标是什么？我们应该怎么做？运作的目标要达到什么标准，比如店铺的卫生应该达到什么样的目标？应该去做什么？”这些都称为目标的落实，目标分解是将大的目标切片分摊成小目标，接下来就是怎样将这些小目标进行分配落实，具体如何落实就要通过我们的晨会。

晨会是一个非常重要的阶段。在晨会，我们不仅要告诉员工，今天要做什么，更重要的是要告诉他该怎么做；不仅要清晰地告诉员工生意的目标、服务的目标、运作的目标，并且要告诉他相匹配的方法。具体如表5－7所示。

表5－7　　晨会目标设定技巧

目标设定原则	具体说明
1. 具体性 目标必须是具体行为或结果	具体性，就是需要明确地告诉员工，今天销售目标是多少，今天我们将通过哪些方法达成这个目标。比如今天有哪些新款到店，主要由谁去负责推新款
2. 量度性 目标必须可清晰衡量。如：图形、期限、数字或顾客回应	量度性，主要是指目标必须可以清晰地来衡量。比如我们今天的主推款有五件，这五件需要达到什么样的销售目标？或者，这个款的推广期限是多久，今天是第几天
3. 一致性 订立的目标需予人有鼓励及成就感的，不可太高或太低，需配合实际环境团队一致认可	一致性，主要指根据现有团队的销售记录，结合当前的货品、环境等因素，设置团队一致认可的目标。比如昨天的销售记录是100件，今天刚上新品，今天的销售目标可以冲刺140件
4. 相关性 能回答为何，何人，何地，做什么，何时做及怎样做	相关性，主要是指具体由谁来做，比如今天的主题是建议式推销，如试衣间旁边是产生连带率比较高的地方，这个地方今天由谁去负责
5. 跟进性 明确清晰跟进行动、形式、负责人、沟通方式、时间等	跟进性，包括我们制定的目标，由谁在什么时间进行跟进。在目标落实到户后，管理者就要对目标在每个时段进行跟进和沟通，及时发现问题并提出相应的应对策略。比如今天的销售额目标是40万元，早上完成了销售额的百分之多少，中午的时候要做到多少，下午、晚上又要做到多少，要随时有跟进，这是保证目标完成的有效方式

续 表

目标设定原则	具体说明
6. 参与性 提问，邀请建议及做出鼓舞式回应等	参与性，主要是指在销售过程中，管理者与店员之间要有互动、沟通提问。比如你今天的营业额是多少，完成过程中，你有什么样的问题？有哪些因素影响你，你需要怎样的帮助，等等
7. 投入性 分享正面的经验，专注在有进步的方面等	投入性，主要是指店员之间要多分享彼此的经验，管理者要对店员进行及时有效的表扬

（3）目标执行

通过晨会落实目标之后，从早晨开业到晚上停业。店铺的管理者就要进行目标的执行，如表5-8所示。执行过程中，工作的焦点也会不一样。这主要从执行目标的前、中、后三点把握。

①营业前

店铺营业前店员要做好充分的准备，这包括：

店铺的运作管理、卫生、陈列；

晨会前的准备，比如店铺管理者要进行昨日销售数据的分析，货品的分析，新品的准备，在晨会上带给大家，让大家对今天的目标任务有更清晰的了解；

如何通过十五分钟的有效晨会，将今天的目标告诉员工。

表5-8　　店铺每日管理工作记录表

______年____月____日　星期：______　天气：______　记录人：______					
一、目标统计					
本月目标：	实际完成：	完成率：	销售进度差：		
昨日目标：	实际完成：	完成率：			
早班目标：	实际完成：	完成率：	晚班目标：	实际完成：	完成率：
分析：					

续 表

二、KPI 分析											
销售数量：		交易笔数：		平均物单价：			平均客单价：		连带率：		
平均折扣：		VIP 销售：		占比：			新增 VIP 卡数：				
分析：											
三、个人达成分析											
姓名	日目标	实际完成	完成率	排名	件数	笔数	连带率	月目标	月累计销售	完成率	排名
分析：											
四、工作安排											
1. 公司资讯：											
2. 今日目标：			早班目标：				晚班目标：			个人目标：	
3. 工作安排：			早班：								
			晚班：								

②营业中

这阶段工作分四大部分：

服务的跟进。要求营销人员服务做到先前制定的目标标准；

货品的管理。这主要指一天的销售过去之后，店铺的货品是否出现了缺色断码，店员需要根据畅销款和滞销款的销售情况，确定是不是需要补货，或者进行一些货品方面的调整；

报表的分析。在一天销售过后，店铺管理者需要对这一天的销售报表进行分析。比如陈列的位置是否对；卖的人是否对；如果这个货卖得不好，是陈列做得不好还是导购的销售能力存在问题？这些情况都要做分析总结；

人员的安排。随着12月、1月等销售旺季的到来，店铺的进店率、购买率都会加强，这时候就应在人员配备方面提前做出调整。

③营业后

这主要包括关铺后的跟进总结工作，比如息会时的目标总结，灯光、卫生的处理情况等。

(4) 目标跟进

目标设定、落实到户、然后执行，执行的情况究竟如何，就需要店铺管理者发挥自己所扮演的角色，即时对目标进行跟进沟通。

教练：在终端店铺中，管理者所扮演的角色很多，教练是其中非常重要的角色，也是营销人员目标管理中的核心角色。营销人员的销售技巧不好，服务没有令顾客满意，管理者就需要及时与店员进行沟通，对销售、服务情况进行跟进，从而发现问题，对症下药，进行指导帮助。

回应技巧：目标跟进的第二种表现就是管理者对营销人员的销售情况有一个回应，目的是帮助营销人员追目标，使好的行为再次发生，不好的行为避免发生。

（5）追目标

目标落实、执行、跟进，终端的目标管理工作似乎已经做得很完美，但事实上，很多时候我们的销售目标还是没有达成，这时候就需要学会追目标。

顾客方面，可以打电话给 VIP 顾客，告诉他们最近店铺有哪些新品上市，或者说最近有什么针对 VIP 顾客的活动。

店铺自身方面，可以通过游戏来提高员工的工作热情。在销售过程中，可以通过设定游戏、比赛环节来激励员工，比赛销售额比较高的员工，管理者可以准备相应的奖品，从而刺激员工的工作积极性。

情境设置方面，店铺可以放一些目标顾客比较喜欢听的音乐，改变陈列等。比如，该品牌风格是年轻时尚，在音乐方面就应该选择那些当下流行的年轻动感曲风。比如在节日或者是销售旺季，白天店铺就应该选择一些动感喜气的音乐，到了晚上就可以选择一些比较舒缓的曲风。除了音乐之外，管理者还可以通过及时调整店铺陈列来吸引顾客，在整体布局上营造新鲜感。或者是在橱窗陈列方面做相应的调整，比如现在是秋装上市的季节，橱窗里的模特就应该及时地换上风衣。或者改变目标设定的方法，将营业额的目标变成件数的目标，以此来刺激和激发店员的积极性。

总之，从总体业绩提升目标的设定到三个目标的达致，再到目标达致的方法考究，我们会发现零售终端的目标管理并不是单纯的要制定多少销售业绩，而是要思考有哪些方面的目标达致可以令所定的销售业绩的结果发生。在即将到来的销售旺季，终端店铺某一时段的目标管理情况的好坏更多是建立在各个时段目标的落实、执行情况上。

第六章　店铺陈列

——大众创新，加快旺季商品回转的手法

现代商业无形中已把人们带入了商品时代，顾客在货架前直接选购商品已成为当今的时尚。这使商家在经营中逐渐重视商品展示的立体空间。如今，商店内各种形式的商品陈列是面对面地直接与顾客交谈。

陈列是为了方便顾客选购自己所需的商品，只有优化购物环境以及让顾客对店内的商品一目了然，才能达到将商品尽快售出的效果。陈列同样需要一定的技巧，运用这些技巧能让你的店铺给人一种耳目一新的感觉。

第一节　店铺现场的商品陈列管理

商品陈列设计是购物空间中经营环境的视觉焦点，在国际广告学上简称为“POP”。商品陈列，是为了表现商品，显示商品的包装形态以及结构造型，传达商品内装的各种信息，并着重于商品陈列审美意境的创造，给人以“美”的直觉感受。因此，通过商品陈列，提高人们的审美能力，促进消费购买力，对扩大销售和提高效益，都具有极重要的意义。

从人们的消费心理角度分析，消费者的心理活动和购买行为之间有着

紧密的联系，一个美的商品陈列设计，必然会吸引消费者的注意力，提高消费者对商品的兴趣和记忆，使其对商品产生良好的印象，进而激发其对商品的购买欲望。把握商品陈列规律，提高人们的审美境界，正是经营者的追求。

1. 什么是商品陈列

商品陈列是通过对整个店面空间内一系列产品的统筹、配置和组合，完整体现品牌形象和产品风格，以实现品牌功能化、逻辑化、审美化和魅力化的巧妙结合。它能够潜移默化地激发消费者的认同，并引导消费者的消费理念。

2. 商品陈列色彩管理

商品陈列色彩管理是对卖场形象的维护，使卖场保持积极良好的销售状态。

由于季节、流行变化、商品上市安排或特别销售期等不同情况，在卖场形象设计过程中需要制订不同商品陈列色彩指导方案。如春夏季、秋冬季产品色彩的变化必将影响到卖场整体色彩变化，而节假日黄金消费期，由于铺货量的增加和特殊节日，商品陈列色彩和卖场环境色彩也要做适当的调整。

另外要密切关注周边卖场的销售状态，服装多以“扎堆”形式选择卖场销售位置，消费者进入特定的销售圈后选购到满意的产品主要是比较的结果，但这种比较也只能在有限的范围内进行，因此，在进行产品陈列色彩设计与卖场环境色彩设计时，只要做到比毗邻的卖场或竞争品牌的卖场优秀，就可以在一定程度上提高自身商品的销售业绩。

销售活动中要适时地关注产品陈列情况，商品出店进店或商品位置的调整会破坏商品陈列色彩设计的完整性，因此必须根据销售现场不同情况及时调整。

周期性商品位置转移：每季产品或每一主题产品长期以一种不变的状态展示，容易使消费者产生疲倦心理，对该品牌新产品的供应能力和供货速度产生质疑。在遵循整体陈列色彩设计的前提下及时调整产品位置，局部调整商品陈列色彩的组合方式，使卖场产生新鲜的陈列色彩印象。根据商品销售量的好坏，将畅销产品和非畅销产品重新搭配组合，产生新的商品陈列色彩设计，以畅销商品带动滞销商品的销售，减少库存，加快企业资金流动。

产品空缺或断色时陈列色彩设计调整：在销售过程中，某一种色彩的商品销售出现空缺或断色，尽量以与原产品色彩相近的产品进行补充。

3. 不同商品的陈列管理

商品陈列不仅是为了充分利用营业空间，提高营业场地的使用效率，增加单位面积的营业收益，更重要的在于把各种商品进行秩序上的组合和匀称陈列上的布局安排，明确显示商品陈列主体。下面以服饰类商品为例说明不同商品的陈列管理方法。

针、棉、丝织品等，是现代人服装的基本原料，在陈列时不仅要考虑形式上的审美，更要注重色彩的和谐以及色彩配置中所引起的色相变化。为使商品陈列具有现代审美时尚感，商品的色彩、质地更能引人注意，可采用颜色对比的方法，将不同深浅或色相纯度上有强烈对比的商品，在颜色、花样上相互交错陈列。

比如一块花料和一块素料或一块暖色料和一块冷色料相互配置，可取得既和谐又醒目的视觉效果。不同材质的商品在质感、光泽上会有所区别，陈列时应按不同的特性进行整合，以便充分显示各自的特色。丝织品在陈列时运用灯光折射原理技巧，使其柔软、细腻的光泽更加绚丽诱人。毛纺织品的陈列要突出其柔和的弹性和挺括、爽朗的质感。

服装的陈列无论是男装、女装、童装或是西装、便装、休闲装，在陈列时要注重服装的时尚款式及流行特点，把服装设计的自身美感充分地显示出来。

女装的陈列最重要的是突出服装的轮廓线，利用人体模型，显示出体型、线条以及款式造型结构和缝制工艺。

男装的陈列要显示出稳沉大方和高大健壮的体态美，陈列时要整齐贴服，以直线为主，前腰要挺括，两肩要平展，在利用人体模型的同时，最好结合衬衣，系好领带，以便显示服装的款式和服装的层次美感。

童装的陈列，切忌呆板、乏味，要充分显示童装的活泼、有趣和动态美感，在陈列中一要做到色彩艳丽的搭配，二要注重款式的新颖别致。

鞋帽也是人们显示个性的一种标志。鞋的陈列主要是显示款式、用料和制作工艺，男式鞋以显示严谨和规整为主，女式鞋以显示前脸和后跟式样为主。颇具新潮的款式，可按鞋的式样制作成放大模型，以增强显示效应。帽子陈列要整理平整、定型并使其挺括，亦可把帽子戴在配有各式眼镜的头像模型上，以显示帽子的流行款式和个性张扬的潇洒风度。

第二节　能够为你吸引顾客的商品陈列技巧

对品种繁多的商品进行分类陈列是商店科学化、规范化管理的需要，在商品分类基础上，根据目标顾客的需要，选择并形成有特色的商品组合，以求得商店经营的成功。

商品陈列及其色彩表现是对店铺经营状态的一种直观演绎。如同人的性格、气质、价值取向往往通过人的表情及行为表现出来一样，个性化的商品布局、商品陈列及色彩表现构成了一个商店的表情所在，并最终反映着店铺的经营水平。

1. 有效进行商品陈列

必须熟悉卖场布局、顾客动线以及商品的分类。商品陈列不能孤立地进行，合理的布局可以使路线明朗，视野开阔，并给顾客带来良好的购物心情。确定卖场布局后，结合顾客路线，按商品功能属性进行陈列。对民生必需品可以陈列在偏僻处，带动客流消灭死角；对高价值商品、礼盒商品或季节性商品尽可能在相邻主通道的货架进行陈列，从而美化排面，诱导消费者购买，提高商品销售和客单价。

加强市场调研，熟悉当地消费者的购物习惯和消费取向。把消费者和购买者加以区分，然后根据顾客的购物习惯和商品的关联性，设计出合理的卖场布局，按商品分类进行陈列，并经常做顾客访谈，不断对卖场布局和商品陈列进行修正，直至达到最佳状态。

商品排面原则作为一般性指导原则，如从上到下，价格由低到高；从上到下，体积由小到大，在实际操作中要因地制宜，灵活运用，不能教条僵化，要充分考虑商品黄金陈列线和关联性，有效配置商品。

按照商品分类，结合商品品牌、包装、色彩和体积，遵循垂直陈列的原则进行商品陈列。先按功能属性定位，然后结合商品品牌、包装、色彩和体积陈列，就能达到较好的陈列效果。

在实际操作中不能一味地强调美观而忽略了陈列的实用性，应按照销量决定排面的要求进行陈列，提高商店商品的销售效率，实现销售最大化。

特殊商品采用特殊陈列工具，充分展示商品。对需特殊陈列的商品不能一味地强调货架的标准化而忽视了特定的展示效果，而要采用特殊的陈列工具，这样才能展示特殊商品的魅力。如家居的碗盘采用专门的碗碟架陈列，衣架采用挂钩陈列，这样才能使商品得以充分展示，从而提升销售。

根据季节、节日的变化，及时调整商品陈列。这样可以有效地利用现有货架资源，发挥季节性商品的销售潜力。

2. 注重商品陈列的方式

商品陈列要醒目，要突出商品。消费者进入商店所关注的是商品，目的是从众多的商品中获取自己所需的商品或信息，为达成此目的，消费者先要对成千上万、品种繁多的商品进行浏览，找出感兴趣的商品。

所以商品陈列一定要醒目，突出商品，可以通过橱窗设计、颜色搭配、POP 设计等来突出商品独特的优良性能、质量、款式、造型、包装等，使公司的产品凸显出来，方便顾客。

可以采用商品群陈列的方式，所谓商品群即商店根据其经营观念，创意性地将某些相关的商品集合在一起，成为卖场之中的特定群落或单位。一般由主力商品、辅助商品、联想商品和刺激商品组成。

可以设计不同的商品组合，一个出人意料而又合情合理的商品群能显示出一家商店独特的陈列创意。例如卧室商品群，可以包括家具、卧具、灯具、地毯、睡衣、内衣、化妆品、护理用品等产品。这样以商品群的方式陈列，更能够使顾客产生遐想，引起顾客的购买欲望。

陈列要有丰满感，但要避免过分拥挤。商品展示过程中，种类和数量要充足，以刺激顾客的购买欲望。品种单调，货架空荡的商店，顾客是不愿意进来的，要及时补货，避免出现空仓的局面。可以规则摆放突出稳重感，也可以不规则摆放显示一种随便、随和的亲切感。

小贴士：让顾客觉得商品丰富的小技巧

1. 商品的种类要多。商品种类多并不意味着单纯地大量增加品种的数量。为了使顾客感受到商品种类的丰富，可以在不增加品目数量的前提下，将各个品种按照用途和使用方法细分化分类，并分别加以陈列，同样可以实现种类的丰富。

2. 商品的品目要丰富。为了使顾客感受到品目的丰富，首先要收缩价格带的上限与下限。不管有多少种类和品目，如果它们之间的价格差距太大，那么顾客在挑选商品时不仅失去了可比较的对象，而且增大了顾客的购买风险。另外，价格的种类也不宜过多。如果价格种类过多，而且每个品目之间的差距只有0.2元或0.5元，那么就会给顾客的挑选带来很大的困惑。因此，在一个狭窄的价格带内，组织可比较的价格种类和品目，并把成为比较对象的品目就近陈列，才能创造出品目丰富的效果。

3. 单品大量陈列。商品的大量陈列并不等同于商品的丰富。单品的大量陈列是建立在对价格带和价格线，即对商品构成的认真分析的基础之上的。如果不加分析地大量陈列商品，就可能使顾客感到商品不够丰富，无从选取自己所需的商品。

第三节　商品陈列中的几个关键性问题

通过视觉来打动顾客的效果是非常显著的。商品陈列的优劣决定着顾客对店铺的第一印象，店铺的卖场看上去整齐、美观是卖场陈列的基本思想。陈列还要富于变化，不同陈列方式相互对照效果好与坏，在一定程度上左右着商品的销售数量。

1. 商品陈列法则

商品陈列总体要求和目标通常是刺激消费，方便购买。那么，怎样达到这些目标呢？根据消费者心理因素，一般应遵循以下法则。

（1）商品陈列丰富化

走进店铺，商品之多使人目不暇接。如我们走进家电店铺，那摆放各种品牌电视的“电视墙”，跳动着的画面，给人以强烈的视觉冲击力，让我们精神为之一振，那我们挑选商品的余地就大大增加了。“电视墙”的创意，是顺应消费者心理的一个杰作，是使商品丰富化的有效途径，而商品丰富有利于销售。

因为顾客到商店购物最关心的就是商品。如果货架上商品丰富，顾客潜意识中就会认为：这么多的商品，肯定有一款适合我。无形中就增加了购物信心和购买兴趣。反之，如果货架上商品稀稀拉拉，营业大厅空空荡荡，顾客就会感觉很泄气，觉得商品这么少，可能不会有啥好货色，要不就是别人挑剩的。

根据消费者的这种心理，商品陈列必须摆放丰满，以显得丰富。

（2）商品陈列有序化

有一个令人惊奇的现象，消费者进店购物时，一般是逆时针行进，并伴有许多冲动性购买。商家在货位分布上要充分注意到消费者的这种行为规律，对商品进行有序摆放。下面以大型购物中心的陈列情况为例：

按消费者的行进路线，在入口处摆放不怕压的商品，如罐头、冷冻食品，出口处摆放怕压的商品，如鸡蛋、面包等，这样与消费者往货篮中放商品的顺序一致。

受生活习惯的影响，购货通道的右侧和末端常引起顾客更多的注意，把利润较高的商品摆放在这些地方，极易使购物中心有更多的赢利。

收款台附近放一些冲动购买品或有连带消费关系的商品，以便消费者在等待交款和找零时看到这些商品；或者放一些精美的广告宣传资料、宣传商品，因为消费者在等候时会随手拿起来看甚至带走。

（3）商品陈列视场化

有瑞士学者研究，消费者进店后无意识展望的高度为0.7～1.7米，上下幅度1米左右。我们国家消费者身高比不上瑞士，我国成年人的平均身高一般为1.68米左右，根据我们测算，消费者展望的高度大致应在0.6～

1.6米。这一高度与人的视线轴组成30度角，其内的物品最容易被感受到。

根据这一规律，商品陈列要集中摆放在消费者的视场之内，过高、过低都会影响销售效果。过去包括现在一些商家，货架很高，甚至直达天花板，不仅给人以压抑的感觉，位置过高的商品消费者也很难看到。反之，有的商家将商品放得太低，试图让消费者弯腰低头寻找，那也是一厢情愿。在顾客很多的情况下，还会使消费者错过很多发现商品的机会。

(4) 商品陈列艺术化

商品不仅要放在顾客的视场中，还要求商品在陈列时形象突出。商品本身是一个无声的销售人员，但也需要别具匠心地摆放，才能在众多商品中脱颖而出。

如果说，丰富的商品吸引了顾客，使其不由自主来到柜台之前，那么，这时的顾客通常在想些什么，最关心的是什么呢？通常是商品的质量和外观。因此商家在商品陈列时，要显出商品的美，使顾客一眼就能够看中。

(5) 商品陈列多彩化

> 美国色彩研究中心曾做过一个实验：研究人员将煮好的咖啡分别装在红、黄、绿三种颜色的咖啡杯中，让十几个人品尝比较。结果品尝者们一致认为，咖啡的味道不同——绿色杯内的咖啡味酸，红色杯内的咖啡味美，黄色杯内的咖啡味淡。在系列实验的基础上，专家们得出结论，包装的颜色能左右人们对商品的看法。

从心理学的角度讲，不同色彩会引起人不同的联想，产生不同的心理感受。色彩能使人产生冷暖、明暗、远近、轻重、大小的感觉，引起人兴奋、忧郁、紧张、轻松、烦躁、安定的心理感受。商家在经营时一定要注意商品的色彩搭配，必要时用灯光加以调节。

（6）商品陈列概念化

消费者在购买活动中经常是在想象心理支配下采取购买行动的。如顾客看到某件衣服，会想到：这件衣服我穿上朋友会夸我吗？会引起别人注意吗？或若买回去这种冰箱，亲戚会怎么说？等等。

可见，顾客在购物时，会考虑别人的态度，出现拿不准情况。坚定顾客信心，就是要消除他的这种不确定性。办法之一是让他事先体验到购物后的感受。适当的商品陈列可以做到这一点。通过商品陈列，营造一个特有氛围，创造一种概念，让消费者体会到商品给自己带来的利益，打消顾虑，产生立即购买的冲动。

营造特有的购物氛围特别适合女性顾客购物心理。在很多店铺的顾客调查中都有类似的结论。顾客中很少有依据事先的购物计划到店铺中购物的，大多是冲动行事。

有的家具店铺，原来是分类陈列，如床陈列在一起，桌子放在一起，椅子摆在一起，让顾客挑选；而现在则是组合摆放，按照家的概念组合在一起，营造出家庭的氛围和概念。如将多款整套的客厅、卧室、餐厅、卫生间展出，顾客进入其中，想象自己布置好的家会是什么样子，不知不觉进入“角色”，产生购买冲动，坚定购买决心。

2. 商品陈列基本方法

商品陈列要将所经营的各类商品精心规划并安排在最适合的部位。事实上，不同类型的购物场所、不同类型的陈列有不同的陈列要点和方法，具体场合具体对待。目前主要采取四种方法进行科学配置。

（1）按顾客进店后的流动路线规律陈列

顾客光顾店铺，一般按照“入店→门厅和卖场开端→主副通道→特定商品群→审视比较→挑选商品→付款→出店门”这样一个流动顺序。据观察，进店的顾客中多数只走动店内通道的60%以下。

因此，有必要根据顾客流动特点和消费心理设计“磁石卖场”，有效地诱导顾客尽量多走动一些卖场面积，以提高商品的曝光率，增加销售的机会。

（2）按商品对于顾客生活的重要性和顾客购买习惯进行陈列

这个陈列原则对于店铺很重要。商品对顾客生活的重要性依次为：食品→日用品→厨房用品。顾客的购买习惯可分为习惯性购买和随机性购买。习惯性购买的商品，是指顾客每天生活的必需品，如食品和蔬菜；随机购买的商品，是指顾客看到后才产生购买念头的商品，如锅碗瓢盆、衣帽鞋袜、家具寝具等家庭用品类，这类商品的“曝光率”决定着它的销售成交率。

因此，商品布局应按厨房用品→日用品→食品的顺序进行配置。一是可诱导顾客走完整个卖场；二是可提高非食品类商品的有效曝光率，增加其销售的机会，从而提高营业收益。

（3）按商品的关联性陈列

商店应将有关联性的商品相邻配置，如服装与鞋帽相邻配置、床上用品与装饰面料相邻配置、钟表照材与珠宝首饰相邻配置、文化用品与体育用品相邻配置等。而且关联性强的品种也应连带陈列和销售，如衬衫与领带、领带夹，鞋与鞋油、鞋刷、鞋垫，手表与表带、电池等。既令人感觉自然和谐，又可方便顾客购买，扩大销售。

要注意将同类商品和关联商品在同一通道两侧排面配置，以便让顾客同时看到和挑选。不可在一个货架的两侧摆放，而让顾客绕着货架费力寻找。

（4）按商品的赢利水平高低进行陈列

百货店、大型专卖店应将单位面积销售额和利润额较高的商品安排在最好的楼层、最好的部位陈列销售，即低楼层和客流大的主通道两侧。效益相对较低的商品依序安排在高层和差些的部位。并且，赢利水平高的商品所占营业面积适当大些，反之小些。让有限的店铺空间面积尽可能获得更大的收益。

最后，商品陈列方式不是一劳永逸和一成不变的。应随着商品的更新换代和消费需求的变化及经营效益状况进行适当调整，使之不断趋于合理和优化。

第四节　陈列商品的注意事项

商品陈列作为一种竞争手段，越来越被重视，陈列的技巧和水平也越来越高了。商品陈列的目的是恰到好处地展示商品，突出宣传商品的特点，吸引顾客的注意，方便顾客挑选，增加商品销售出去的机会。通过商品陈列将“死”商品经营“活”，同时还起到美化店容、展现商店经营风貌和特色的作用。

1. 商品陈列的合理性标准

商品陈列的合理性标准是整洁丰满、艺术美观。具体要求注意事项有：

（1）陈列形式灵活多样

针对商品的不同特点，采取灵活多样的陈列形式。不同的商品适合于不同的陈列方式，如手表、化妆品、珠宝首饰一般采用形象柜台陈列，鞋多采用横格的货架陈列，服装采用衣架悬挂式和模特穿着陈列，家具及床上用品采用家居组合效果陈列，保鲜食品采用保鲜柜陈列，冷冻食品采用冷冻柜陈列，等等。

（2）陈列设施新颖简约

陈列设施的材质和造型要有独特创意，要与所陈列的商品相协调，或粗犷质朴或精巧玲珑，巧妙地衬托和展示商品的全貌及特点。陈列设施的色彩或淡雅或与商品形成鲜明反差，起到衬托和突出展示商品的作用。除靠墙外，营业室中央的陈列设施必须注意高度和通透性。高度不得超过1.4米，以保证整个店铺视野开阔，既给人宽敞通畅的舒适感又可起到增加全场商品能见度的作用。

（3）讲求陈列技巧

商品陈列应与POP广告、经营部位的环境装饰及气氛烘托相结合。店铺内商品可用特制的具有广告功能的形象柜、架、桶陈列，还可直接用商品堆码出艺术造型；百货店内各品牌经营要在环境氛围营造和商品陈列上突出主题化、个性化和艺术化的效果。

将独特鲜明的品牌主题背景、精美典雅的饰物点缀、柔和明亮的灯光装饰、材质造型做工新颖别致的陈列设施与琳琅满目、仪态万方的商品协调一致，营造出高雅浓郁的生活气息和强烈的时代特征，令人耳目一新，为之心动。不仅隆重地推出商品，同时发挥了提升生活品位，引领消费潮流的导向功能。

（4）商品陈列要经常清洁整理，保持新意

干净、整洁、美观是陈列商品的前提。卖场不仅仅要时刻保持地板及店铺周围的干净整洁，更重要的是要时刻保持货架、柜台、包装、商品的清洁、整齐以及商品摆放的艺术性。繁荣的卖场总会给人一种明亮、整洁、朝气蓬勃的景象。

导购要利用开业前的准备工作时间和营业中的间歇时机清理卫生，补充商品，调整陈列，使商品陈列随时保持整洁丰满和艺术美观。同时要配以统一规范的价格标签，做到一货一签，货签对位。高水平的店铺设计，对商品经营和服务起到极为重要的支持作用。使顾客走进商店如同置身于一个艺术殿堂，在购物的同时还获得了轻松愉快的精神享受。在潜移默化中融洽了商店与顾客之间的感情。

（5）陈列区间功能明确

关于陈列区间的设置问题，首先要保证卖场通道畅顺。卖场的通道要避免有阻塞感，以便顾客能够清楚地浏览整个卖场。小型店的主通道宽度一般为120cm，中型店为150cm。主通道两边陈列主力商品可利用商品的吸引力引导顾客。然后要划分卖场区域，设定重点陈列区、辅助陈列区及特卖区和展示位置、合理搭配陈列区，做到主辅相互陪衬相互呼应，增加顾客参观的兴趣，如下表所示。

不同陈列区的位置

陈列区	位　置
重点陈列区	以店铺正门后左右两侧墙面为主，并可视现状配搭附近货架组成
辅助陈列区	以收银台左右两侧墙为主，也可视情况由多片区小面积的墙面组成
展示的位置及特卖区	展示位置以橱窗、精品柜及模特等展示区域组成，特卖区可视情况单独开辟一块地方，并标以明显标识，与正价区有明显区分

2. 商品陈列存在的问题

目前，商品陈列中存在的问题主要包括以下几个方面：

（1）商品不到位，标价不清

经常会出现这样一些情况：消费者在选购商品时，把某种商品移到其他商品的位置上，而理货员又没有及时进行调整，致使该种商品挡住了其他商品的视线，陈列显得很凌乱；商品的价目牌与商品的位置不对应，或者标价不规范、标价牌脱落，顾客根本分不清哪个商品是哪个价格，这些情况往往都会影响顾客的购物情绪。

（2）商品不易拿取

一些店铺在进行商品陈列时，出现陈列的位置过高，顾客取不到商品，或把货架塞得满满的，不留一点空隙，以致顾客取不到或拿取时容易打坏商品、不容易再放回去等情况，这些往往导致顾客不愿意去拿，即使拿到手也会影响其挑选观看的兴趣，影响商品的销售。

（3）陈列杂乱无章

商品陈列忽视了消费者的购买习惯，随心所欲地摆放商品，再加上缺少商品配置分布图和商品指示牌，顾客根本分不清什么商品在什么地方，找不到自己所需的商品，以至于要不停地向员工询问，给顾客购买带来不便，影响他们的购买兴趣。

（4）缺乏量感

在一些店铺中，我们可以看到，货架上常常空缺，陈列商品过少，不能做到满陈列，或者商品都是“躺”在那里，没有“站”起来，这些情况往往使顾客形成“难于好中选优”或“这是卖剩下来的商品”的不良印象，严重影响了商品的销售效果。

（5）同类商品横式陈列

同类商品不是垂直陈列而是横式陈列。由于人的视线左右移动不如上下移动方便，导致顾客在挑选系列商品中的某个单品时，就会感到不便。同时，商品横向陈列使消费者在挑选商品时要往返好几次，否则，就必然会将某些商品漏看，也给顾客的购买带来不便。

（6）补充陈列方法不当

一些店铺在进行商品的补充陈列时不是从后面开始，而是将新补充商品放在货架上剩余商品的前面，导致后面的商品永远卖不出去，致使临近或过了保质期的商品仍然陈列在货架上，以致消费者对店铺所售商品的新鲜度产生怀疑，从而丧失购买兴趣。

3. 定期检查陈列的要点及注意事项

（1）总体陈列检查要点

①商品是否有灰尘？

②棚板、隔物板贴有胶带地方是否弄脏？

③标签是否贴在规定位置？

④标签及价格卡的售价是否一致？

⑤POP 是否活用？

⑥商品最上层高度是否太高？

⑦商品是否容易拿、容易放回原位？

⑧棚架是否间隔适中？

⑨商品分类别标示板是否正确？

⑩是否遵守先进先出的原则？

⑪商品是否做好前进陈列？

⑫商品是否快过期？或有损毁、异味等不适贩卖的状态？

（2）对于具体产品陈列情况进行检验与评估，应考虑的因素

①陈列位置是否位于热卖点？

②该陈列是否在此店中占有优势？

③陈列位置的大小、规模是否合适？

④是否有清楚、简单的销售信息？

⑤价格折扣是否突出、醒目并便于阅读？

⑥产品是否便于拿取？

⑦陈列是否稳固？

⑧是否便于迅速补货？

⑨陈列的产品是否干净、整洁？

⑩零售商是否同意在一定的时期内保持陈列？

⑪是否妥善运用了陈列辅助器材？

小贴士：因地制宜地陈列要点

1. 杂货店、百货店、店铺、自选商店

陈列要靠近顾客常走的路线、放置于水平视线位置。

临近领导品牌及同类商品做水平或垂直陈列。

有多种规格时至少应有两个排面——应该比竞争者多，越多越好。

每一个品牌、每一种规格都要陈列。

货架上要经常保持足够数量的商品。

至少应有比购买周期多 1 周的库存。

充分利用货架卡、挂旗、横幅、海报等辅助工具。

销售人员在拜访客户时要更换 POP 材料。

维持货架及货物整洁，并及时为客户补货。

2. 路边店陈列

陈列位置要靠外侧，靠顾客常走的路线，靠市场领导品牌，靠同类商品。

要陈列每一品牌、每一规格。如有试用品或小包装，一定要挂吊牌。

要经常保持适量库存。

要充分利用门口的挂旗、柜台展示卡、海报、货架卡。

3. 堆箱陈列

陈列位置要位于顾客最常走的路线上。

应尽量将所堆放的商品正面对着顾客。

除非面积足够大，否则应陈列品牌的主要规格。

应维持大量库存，堆箱部分应保持满货的状态。

堆箱的堆法：注意垫底稳固性，可以使用“交叉堆放法”，或使用垫箱陈列板，除了需要承重的底箱，其余应隔箱陈列；POP 及产品包装应将正面面对顾客，不可过高或过低，以容易拿取为标准。

注意：商品陈列的细节会创造销售潜力，导购人员应注意并指导顾客加以利用，这将为商店和产品销售带来更多的机会。

第七章　仓库管理

——旺铺销售的后勤保障

对于店铺而言，在一定时期内保持库存平衡，会减少商品由于积压而要降价处理所产生的损失，也可避免由于商品脱销造成的不良影响，同时也能够确定在一定时期内购买的商品数量，不至于盲目采购。通过评估月初和月末的存货水平，可以大体上确定对营业的空间要求，将卖场空间效益最大化。

对于财务部门来说，可以将周转慢的商品分离出来，通过加强销售或降低商品价格，使零售商在存货过多和缺货之间保持适当的平衡。

总之，通过商品的仓库管理，零售商可以确定采购哪种产品、什么时候买以及买多少，更好地为商品销售服务，获得更多的利润空间。对仓库管理不够重视，必定会导致库存费用过高，资金使用效率低。

第一节　仓库管理的基本知识

仓库管理是店铺管理中一个必不可少的部分。就店铺的财务和日常销售而言，其重要性是显而易见的。仓库管理着各类物资，如果不能保证正确的进货和库存控制及发货，将会导致管理费用增加，服务质量难以得到保证，从而影响日常工作的运作。那么如何做好仓管工作呢？你需要掌握下面一些基本知识。

1. 仓库的基本规划

（1）仓库的定位（地理位置）

对外要考虑远离易爆易燃高温等场所；对内一是要考虑方便物料的进出，如一般的仓库要分进出口，二是要考虑将同类物品尽量放置在一起；辅助材料、边角废料、不良材料等最好单独规划仓库或区域放置，因为废包装物和空箱及使用物料在同一场所堆放等都会使仓储利用率不高。

（2）仓库的面积

要考虑行业的特点、基本存量、堆放方式、搬运行走的便捷性，以及未来发展的需要，等等。

（3）仓库的安全

仓库内需要配备的设施：必备的消防装置、防暴灯，以及防化学品泄漏等装置。

要对仓库管理人员进行安全教育，进行安全隐患意识的宣导、观看必要的火灾演习、组织紧急事故处理小组等。

常见的安全隐患主要有：不安全的环境（如油料、气体钢瓶要远离烟火、要通风等）、不安全的动作（如化学品未按其要求搬运等）、不正确的堆积方式（如袋装物料最高不能超过十层，底部四层，每两层换一次方向交错叠放，第五层起，每层的堆叠方向都应该交错，而且要成垛状地向内缩进）、超量堆放、防护不当等。

（4）特殊仓库

要考虑到一些特殊仓库的条件如：电子行业的防静电仓、化学品行业的化学品仓、五金行业易氧化品的温湿度的控制等。

（5）搬运工具

确定常使用的必备的搬运工具，如叉车、手推车等。

2. 仓库的管理

（1）区域的规划

制定仓库的区域分布图时，要以材料类别来区分各个区域，并标以代号。各区的大小依其容量而定，方便材料的进出。要考虑到经常使用的物料（以及笨重难以搬动的物料等应放在货架的下面或仓库靠近出口处）、物料的先进先出等。

（2）存储方式的规划

①堆放：依据产品的特性以及数量等来确定。如：存量高的要尽量使用货架、耐压性差的要注意被压伤、易爆易燃物品的存放、重的物品应放在货架的下面且靠近仓库出口，轻的物品恰好相反等。

②包装：尽量采用标准包装。如：桶装、盒装、柜装、箱装等。

③目标：做到过目点数、检点方便、成行成列、整齐易取。

（3）标识的管理

①目的：易于识别、易于管理。如：不同批次的物料、先进先出、保质期、化学品、防静电、温湿度等。

②分类：物料的种类、品质状态、作业方法等。

③方式：颜色管理（如：将月份用不同的颜色来区分）、看板管理（仓库规划图纸、库存状态、评比状态等）、形态管理（如：三角形表示保质期为三个月）、张贴方式（如统一贴在箱子的右上角）。

④内容：标识的内容依工厂的行业特点不同而有所不同（如：食品行业强调出厂日期与保质期、化学品重视防护），但有三个主要的内容是所有商品都要明确标识出来的：物料的种类、数量、生产厂商。

（4）人力管理

要划定各人负责的区域，将各人的工作内容、工作重点、注意事项等悬挂在其所负责的区域。要求他们定期清理与仓库无关或是不用（时间期限）的物品。另外，要对仓库人员进行培训，不断提升其素质。

3. 商品库存管理

（1）存储的基本要求

①仓储空间极大化（立体空间的运用）；

②方便存取作业；

③具有通风、光线、湿度、温度等保存商品的条件；

④安全性的考虑（防水、防震、防火、防窃等）；

⑤减少装卸空间，增加储存空间；

⑥易于“先进先出”的存取方式；

⑦规范化、单元化；

⑧储存区域要分大量储存区、小量储存区；

⑨省力化、机械化、自动化的设计。

（2）控制存货量

存货控制本身不能产生利润，但用减少管理费用和劳务费用的方法，可达到开源节流的目的，仍然可以产生效益。存货控制可以达到最经济的订购量，在最适当的时间订购物料，把存货量控制在一个适当的范围。简言之，控制存货量的目的是配合生产，以最少的费用维持对生产或客户的服务。

一般说存货控制工作主要有三方面：确定最高的存货量，确定最低的存货量，确定再订货数量。

首先根据物料的消耗速度、物料变坏或过时的可能性、当前可用的存储空间这三方面来确定最高存货量；然后根据物料的消耗速度、物料的交货时间（即从确定订单到收到物料所需的时间）确定最低的存货量。最后确定再订货数量。再订货数量要比最低的存货量定的高些。

（3）商品储存注意事项

最大限度地保护商品质量、减少商品的损失是商品储存的根本目的。

“以防为主，防治结合”是商品储存工作的基本策略。“防”是主动的，能达到最大限度地保护商品质量、减少商品损失的目的，因此必须做到防得早、防得好，工作要细致周密，并渗透到每个环节。一旦发生了质量问题，就必须进行及时、有的放矢的“治”。

具体要求：由责任心强并有一定管理知识的人担任仓管员；把好商品入库关，不准受潮、变质、劣假、串号等商品进库；对库存商品经常检查，做好防霉、防火、防盗、防鼠咬和防止过期失效等工作；出仓时，认真校对商品品种、规格、数量、价格等，严格执行先进仓的，易变质的和近期失效的商品先出售等原则。

对各类商品要根据不同性质和特点，采取不同护养方法，以防为主，防重于治。如中药材，糖类及其制品以防潮为主，采用生石灰，木炭垫底防潮；石油类，火柴包，赛璐珞等商品主要防火，防高温；卷烟、茶叶等以防潮防串味为主；肉食类以防腐保鲜为主等。

第二节 商品入库

商品入库是指货仓根据商品入库凭证接收商品入库，而进行卸货、搬运、清点数量、检查质量、办理入库手续等一系列操作的总称。

1. 商品入库工作任务及影响因素

（1）商品入库工作的主要任务

清点商品数量，检查商品和包装质量；

对入库商品接收检查时发现问题要及时记录，并在规定时间内向主管和存货单位报告；

按照规定程序办理各种进仓手续和凭证。

商品入库的具体工作过程是指仓储部门按照存货方的要求合理组织人力、物力等资源，按照入库作业程序，认真履行入库作业各环节的职责，及时完成入库任务的工作过程。

（2）影响入库工作的因素

货品供应商及货物运输方式；

商品种类、特性与数量；

入库作业的组织管理情况。

2. 商品入库检验

商品检验是根据合同或标准的规定要求，对标的物品的品质、数量、包装等进行检查、验收的总称。

（1）验收工作的意义

验收工作将为商品的保管和使用打下基础；

验收工作对产品的社会生产起到监督和促进作用；

验收记录是向外提出索赔、退货、换货的依据。

（2）验收工作的基本要求

准确。对于入库物资的数量、规格、质量、名称及配套情况等验收，要求做到准确无误，如实地反映商品当时的实际情况，不能带有主观偏见和臆断。

及时。到库商品必须在规定期限内完成验收工作，提出验收结果，以保证商品尽快入库。

（3）商品验收工作程序

①验收准备

第一，要准备相应的检验工具（磅秤、量尺、仪表等），所有检验工具必须预先检查，保证准确；

第二，收集和熟悉验收凭证及有关资料；

第三，进口商品或存货单位指定需要质量检验者，应通知有关检验部门会同验收。

②核对单证

入库商品必须具备下列证件：

存货单位提供的入库通知单、订货合同等；

供货单位提供的质量证明书或合格证、装箱单、磅码单和发货明细表等。

运输单位提供的运单，若入库前在运输途中发生残损情况时，还必须有普通记录或商业记录。

③检验实物

数量验收：计件商品要清点全部件数，计算方法通常是采用轧点计算。记重商品的重量采用过磅或理论换算的方法求得。

质量验收：主要有两种，一是仪器检验，指利用各种试剂、仪器和机器设备，对商品的规格、成分、技术标准等进行物理、化学和生物的性能分析。这类检验大多由专业检验机构负责。二是感官检验，即用视觉、听觉、触觉、嗅觉和味觉来检验商品质量。

检验实物：检查实物主要包括两方面的内容：包装验收和抽样检验。

第一，包装验收。外包装异常有以下几种情况：人为的撬起、挖洞、开缝，通常是被盗的痕迹；水渍、黏湿，是雨淋、渗透或商品本身出现潮解、渗漏的表现；污染，由于装配不当，引起商品间互相玷污、染毒或商品本身腐败所致；由于包装、结构性能不良或在装卸搬运过程中乱摔乱扔、摇晃碰撞而造成的包装破损。

第二，抽样检验。我们不可能把所有商品挨个检查，所以抽样验收就具有很大的必要性，可以节约人力，提高商品入库速度。另外，有些商品包装技术性较强，开拆验收之后不易或不可能复原，这样可能影响销售，所以也只能采用抽样验收。抽样检查不仅具有可行性，也有其科学性。连续按批量生产的批量产品，质量标准比较统一，抽检一定数量，就具有较强的代表性。对于那些拆包检验会引起质量变化或具有破坏性的检验，采取抽检方式，可以使损失控制在合理的范围之内。抽样调查需要确定验收比例，在确定验收比例时，应考虑以下因素：商品的性质、特点；商品的价值；商品的生产技术条件；供货单位的信誉；包装情况；运输条件；气候条件。

（4）入库验收过程中发现问题的处理

①数量不符

由收货人在凭证上详细做好记录，按实际数量签收，并及时通知送货人和发货方。

②质量问题

发现质量问题，应会同承运方清查点验，明确责任，并由承运方编制商务记录或出具证明书，作为索赔的依据。

③包装问题

包装有水渍、沾污、损坏等情况时，应进一步检查内部细数和质量，并做好记录，单独堆放，以便处理。

④单货不符或单证不全问题

商品串库：当初步检查时发现串库现象，应立即拒收；在验收细数中发现的串库商品，应及时通知送货人办理退货手续，同时更正单据。

有货无单：应及时查明原因。

有单无货：应及时查明原因，将单证退回注销。

货未到齐：应分单签收。

3. 入库交接

入库物品经过点数、查验之后，可以安排卸货、入库堆码，表示仓库接受物品。在卸货、搬运、堆垛作业完毕，与送货人办理交接手续，并建立仓库台账。

（1）交接手续

接受物品；接受文件；签署单证。

（2）登账

物品入库，仓库应该建立详细反映物品仓储的明细账，登账的主要内容有：物品名称、规格、数量、件数、累计数或结存数、存货人或提货人、批次、金额，注明货位号或运输工具、接货经办人等。

（3）立卡

物品入库或上架后，要将物品名称、规格、数量或出入状态等内容填在料卡上，称为立卡。料卡又称为货卡、货牌，需要插放在货架上物品下方的货架支架上或者摆放在货垛正面的明显位置。

4. 不同渠道商品入库时注意事项

（1）生产成品

如果是生产成品入库，需要由入库单位开具成品入库单，入库单须注明指令号、品名、颜色、规格、数量，大小尺寸不同的产品必须分开包装，另外若客户有要求特殊包装方式的应按照客户要求包装，入库单必须经过部门主管以上干部签名，确保产品已经经过质量检验。仓库管理员按照入库单查验入库产品，核对准确无误后，方可签单收货。

（2）外发成品

如果是外发成品入库，应由商品检验员检查合格后，由相关人员在入库单上签名，管理人员核对数量并签“细数待查”。入库后，管理员要仔细清点入库数量，有短装现象要及时反馈。如果需要全检的产品，管理员要协助整理数量，并将不良品整理分开存放，并将不良品数量报备生产管理部门以及外发部门，同时注意在库存时可能发生霉变等现象，做好防霉、防潮等防护工作。

（3）采购成品

如果是采购的外购成品入库，要由仓库品检验收合格后，成品仓管理员核对数量后签收，根据其特性，管理人员要注意在库存时可能发生霉变等现象，做好防霉、防潮等防护工作。

小贴士：冷冻食品运输

由于冷冻食品的温度应控制在5℃以下，所以须以冷冻车来运送；而冷藏品的温度只需维持在18℃以下即可，所以用冷藏车运送就可以了。不过这两类商品都需要用塑料容器或纸容器来包装，不可以直接放在车内，否则容易受到污染而影响商品品质。

第三节 商品的装卸

装卸是随着运输和储存活动的进行而发生的一种辅助作业。因为运输可以产生空间效应，储存可以产生时间效应，而装卸本身并不产生任何价值。从生产到消费的整个流通过程中，要进行多次装卸，因此，装卸的合理化对物品的流动合理化是非常重要的。

1. 装卸的概念

一般来说，可将装卸作业分解为装卸、搬运、入库、出库、分拣和备运等项工作，以及与这些作业有关的附属作业。

装卸。是将商品装入运输工具，或从运输工具上卸下的总称。对于集装箱而言，也可把物品装入集装箱称为装箱，而把从集装箱内取出物品叫拆箱。

搬运。是指在比较短的距离内将物品移动。装卸与搬运的主要区别是：装卸是指在商品空间上发生的以垂直方向为主的位移，而搬运则是指商品在区域内所发生的短距离，以水平方向为主的位移。由于商品在空间上发生绝对的位移或发生绝对的水平位移的情况是不多的，多数情况则是两者的复合运动。

入库。是指将物品移至保管设施的固定设备所指定的场所，按规定的位置和形态，准码商品的作业。

出库。是从保管地点，将物品取出。

分拣。是按物品的种类及发送方向和顾客需求，将物品进行分类。

备运。指为出库的物品做好准备，使之能立即装进运输工具的工作。

商品的装卸贯穿于商品运动的全过程。无论是商品的运输、储存、保管，还是商品的配送、包装和流通加工都伴随着装卸作业。因此，装卸效率的高低、装卸质量的好坏、装卸成本的大小，都与整个仓库管理活动关系密切。改善装卸状态是加快商品运达速度，减少资金占用，简化包装、减少货损的重要手段，对提高总体效益具有重要作用。

2. 装卸的种类

装卸可分为与运输设备对应的“装进、卸下装卸”和与储存保管设施的“入库、出库装卸”两大类。而这两类装卸分别伴随有商品的“堆码、拆垛”“分拣、配货”“搬送、移送”三类基本的装卸工作，这些工作由于动作和装卸机械的不同，随之出现了不同的方法。

（1）堆放

堆放是指把商品从预先放置的场所，移动到卡车之类的商品运输设备或仓库之类固定的设备的指定位置，再按要求的位置和形态放置商品。

（2）拆垛

拆垛是指堆垛的逆向工作。

（3）分拣作业

分拣作业是指在堆垛、拆垛作业的前后或在配送作业之前发生的作业，把商品按品种、出入先后、货流分类（分拣分类），再分别放到规定位置的作业。

（4）配货作业

配货作业是指向卡车等运输设备装货作业前和从仓库等保管设施出库装卸前发生的作业，是把商品从所定的位置，按品种、下一步作业种类、发货对象分类（配货分类）所进行的拆垛、堆放作业。这一作业又分成把分拣作业拣出的，按规定分类集中起来的作业和以一定批量移动到一端的分拣场所，分别送到指定位置的作业两类。

（5）搬送作业

搬送作业是指为了进行上述各项作业而发生的、以这些作业为主要目的的移动作业。搬送包括水平、垂直、料行报送以及几种组合的搬送。

（6）移送作业

移送作业是指用传送带对商品进行运送的作业。

3. 装卸的原则

（1）尽量不进行装卸

装卸本身并不产生价值。但是，如果进行了不适当的装卸，就可能造成商品的破损，或使商品受到污染。因此，尽力排除无意义的装卸是理所当然的。尽量减少装卸次数，以及尽可能地缩短搬运距离等，所起的作用也是很大的。

因为装卸不仅要花费人力和物力，增加费用，还会使流通速度放慢。如果多增加一次装卸，费用也就相应地增加一次，同时还增加了商品污损、破坏、丢失、消耗的机会。因此，装卸的经济原则就是“不进行装卸”。所以，应当考虑如何才能减少装卸次数、缩短移动商品的距离等问题。

（2）装卸的连续性

装卸的连续性是指两处以上的装卸工作要配合好。进行装卸时，为了不使连续的各种作业中途停顿，而能协调地进行，整理其流程是很必要的。因此，进行“流程分析”，对商品的流动进行分析，使经常相关的作业配合在一起，也是很必要的。

如把商品装到汽车或铁路货车上，或把商品送往仓库进行保管时，应当考虑合理取卸，或出库的方便。所以某一次的装卸作业，某一个装卸动作，有必要考虑下一步的装卸而有计划地进行。要使一系列的装卸作业顺利地进行，作业动作的顺序、作业动作的组合或装卸机械的选择及运用是很重要的。

（3）减轻人力装卸

减轻人力装卸是指把人的体力劳动改为机械化劳动。在不得已的情况下，非依靠人力不可时，尽可能不要让搬运距离太远。关于这个问题，主要是在减轻体力劳动、缩短劳动时间、防止成本上升、劳动安全卫生等方面推进省力化、自动化。

（4）提高“搬运灵活性”

物流过程中，常须将暂时存放的物品，再次搬运。从便于经常发生的搬运作业考虑，物品的堆放方法是很重要的，这种便于移动的程度，被称为“搬运灵活性”。衡量商品堆存形态的搬运灵活性，用灵活性指数表示。一般将灵活性指数分为五个等级，即散堆于地面上为 0 级；装入箱内为 1 级；装在货盘或垫板上为 2 级；装在车台上为 3 级；装在输送带上为 4 级。

（5）把商品整理为一定单位

把商品汇集成一定单位数量，然后再进行装卸，既可避免损坏、消耗、丢失，又容易查点数量，而且最大的优点在于使装卸、搬运的单位加大，使机械装卸成为可能，以及使装卸、搬运的灵活性好等。这种方式是把商品装在托盘、集装箱和搬运器具中原封不动地装卸、搬运，进行输送、保管。

(6) 从物流整体的角度去考虑

在整个物流过程中，要从运输、储存、保管、包装与装卸的关系来考虑。装卸要适合运输、储存保管的规模，即装卸要起着支持并提高运输、储存保管能力、效率的作用，而不是起阻碍的作用。对于商品的包装来说也是一样的，过去是以装卸为前提进行的包装，要运进许多不必要的包装材料，现在采用集合包装，不仅可以减少包装材料，同时也省去了许多徒劳的运输。

4. 商品装卸需要注意的问题

首先要明确各种运输工具、运输方式的特点，其次还要考虑商品本身的性质以及商品的包装、数量、价值高低、运输距离、季节气候等因素，进行全面考虑，确定适宜的运输方式，使商品得到充分的质量保障，减少损失。

(1) 零售商品装卸需要考虑的因素

①满足日用消费品成批连续装卸的需要

日用消费品一般重量轻、件数多、批量大，最好选择能连续完成装卸、搬运、堆码作业的装卸方案，以减少辅助作业的人力和时间。

②装卸机械的外形应与运输工具相适应

日用消费品在铁路上多采用棚车一类的运输工具，在选择日用消费品装卸机械时，其外形尺寸与机械自重应与棚车等运输工具相适应。

③满足日用消费品种繁多、形状各异的特点

为提高装卸机械的利用率，最好能配备多种属具，同时也可减轻工人的劳动强度和提高作业效率。

④要求装卸作业平稳、可靠、安全、操作灵活

由于日用消费品中有些是怕压易碎的，有些是不能倒置的，有些是怕撞击的，有些又具有腐蚀性等。因此，装卸应能考虑上述要素。

（2）运输过程中注意商品养护

①采取一切措施降低运输配送振动和商品的挤压撞击

一般而言，铁路及高速公路较为平滑，对运输的振动较轻，在运输条件和费用允许的情况下建议多采用铁路和高速公路运输；经常检查车辆的减震系统，对出现的问题及时维修；空车或装货少的车厢振动强度高，商品之间的撞击较大，因此应保持适当的装载量；商品码垛和装车不合理、不稳固时，包装与包装之间的二次碰撞，常会产生更强的振动；经常检查商品的包装情况，发现问题及时处理。不同种类的商品最好不要混装，以免相互挤压碰撞，影响运输配送安全。

②对温度和湿度的控制

在运输配送过程中要尽量避免阳光直接照射商品，车船遮阳一般采用棚车或苫盖遮阳。对温度较敏感的物品，在气温高时可以采用车棚棚顶洒水降温。在日晒降低的傍晚或夜间，将苫盖适当揭开通风。

运输配送过程的其他热源也会造成温度升高，因此应避开热源。在严寒季节，气温降低时，对商品进行保暖苫盖或采用加温设备对商品加温防冻等。有条件的话可以采用温控交通运输工具。

③采取防雨、防尘措施，保持运输配送工具的卫生

尽量采用封闭车厢或棚车运输，当采用敞篷车船运输时，商品上应覆盖防水苫布等防雨措施，以免日晒雨淋。在装载商品之前，车船应认真清扫，确保卫生，必要时进行消毒处理。

（3）商品在装卸搬运环节的养护

①装卸搬运对商品质量的影响

装卸搬运是衔接性的物流活动，在任何其他物流活动互相过渡时，都

是以装卸搬运来衔接，因而，装卸搬运往往成为整个物流活动的“瓶颈”。装卸搬运又是支持性、保障性的物流活动，是一项技术性很强的工作，装卸搬运会影响其他物流活动的速度和质量。

②装卸搬运环节的商品养护

对装卸搬运活动的管理，主要是对装卸搬运的方式和装卸搬运机械的选择、合理配置与使用。应尽量消除无效装卸搬运，减少装卸搬运次数，降低商品损失风险；提高搬运活性。尽量使得上一步操作适于下一步装卸搬运作业；制定商品装卸搬运操作规程，并严格执行，保证装卸搬运的合理化，注意装卸搬运过程中的商品质量检查，发现问题及时补救；按照商品储运图示标志，对各类商品科学装卸堆码，达到安全合理、堆垛牢固、定量整齐的目标；通过单元化装卸，减少直接接触商品；提高操作人员的质量意识，装卸搬运作业过程轻装轻卸，小心谨慎。

第四节　商品保管及物料管理

零售商店的仓库一般属于存储中心型仓库，以存储为主。存储的内容即为物料。所谓物料，一般是指直接投入生产作业的主要原料、零件、组件，以及配合生产作业过程所需的物料。仓库管理的主要内容就是对物料的管理。

1. 物料管理基本知识

物料管理的目的是：降低物料的采购价格，取得成本与持有成本总和为最低，提高存货周转率，建立良好供货商关系，维持物料供应质量的一致性，物料管理计算机化。

物料广义上可以分为：原材料；间接材料或供应品；在制品或半成品；配件；完成品；残废料；杂料。

物料分类的功用是：便于物料识别；增进物料管制效率；作为物料编号之前提条件；作为计算机化管理基础；物料编号的功用；物料数据正确性的提升；计算机化作业管理制度的建立；物料管理工作效率的增加；物料库存的降低与成本的控制；领发料与退料的便利。

其分类原则是：一致性、完全性、渐进性、互斥性、弹性、适用性。

可以将存货或物料项目至少分为三类，依类设定控制和管理原则，在数量上实施对各类货品的控制，以便于管理：

A 类：店铺经营的主要商品；

B 类：商品附件，零配件等，属于商品的一部分；

C 类：商品包装材料，如包装袋、包装盒等一切包装成品的材料。

2. 商品保管要点

（1）一般商品储存

大箱包装应标示其进货日期。

以系统化原则储存商品，最好采取与卖场相似的配置方式。

商品堆积须以栈板铺地后再堆放，以防止商品潮湿。

仓库内架设钢架、木架，以充分利用空间。

商品储存须设有登记卡，登记进货的品名、日期、数量、规格，出仓的数量、余额。

陈列时，不得与墙壁接触，须留有 5 厘米左右的间隙。

体积大、质量重的商品应置于底层，轻薄短小的商品则可置于上层，以防压碎商品。

轻薄短小的商品，应置于大体积、大重量的商品前面。

清洁剂不要与烘焙食品存放在一起，以防止受污染。

商品应按“先进先出”法出仓。

仓库应保持干燥，通风良好，存储商品时，一定要注意保持适当的温度和湿度（见表 7－1）。

须备有防火设施。

禁止闲杂人员进出仓库，保证安全。

经常保持仓库的清洁卫生。

退货、换货、报废的商品应集中于专区，并定期予以处理。

（2）冷冻、冷藏库储存

库外应设有温度表，每天须巡视温度三次，并记录。

冷冻库的温度应保持在 18 ℃以下，冷藏库的温度应保持在 0～2 ℃。

蔬菜冷藏库的温度应保持在 5℃。

库内须铺放栈板，以堆积物品，防止第二次污染。

堆积时，要离库体的墙面 5 厘米以上，以保持冷气循环正常。

以十字交叉法堆积原料并预留空隙，使冷风能吹到原料箱。

库内的排水良好，防止积水。

库内应设有警铃或其他安全措施，以防止作业人员被关在库内。

作业完毕后应熄灭库内灯光。

蒸发器应用除霜装置，以防止结霜而减少冷风的吹袭。

每月清洗冷冻、冷藏库各 1 次，以保持清洁并防止异味。

按“先进先出”法处理库内产品。

表 7－1　　一些高分子化合物存储适宜的温湿度

商品种类	适宜温度	适宜相对湿度
橡胶制品	－10～25℃	60%～80%
棉麻化纤制品	30℃以下	60%～80%
呢绒、丝绸	25℃以下	60%～75%
塑料制品	0～25℃	80%以下
皮、革制品	0～25℃	60%～75%
纸张	30℃以下	60%～70%

3. 仓库保管员职责

仓库管理的工作职责是保存物料的储存工作，及时供应生产所需的原料。对物料进行检验、收料、发料、存储、入账、盘点，以及对废料的处理等内容。

仓库管理的收料工作在于检查采购物料的数量和品质。仓库员检验和清点送来物料的种类和合格品数量，填写入库单，发生数量不足和品质不合格时，通知供销科补足或更换，每种物料存放在固定的地方，便于清点和发料。物料入库价格先按估价入库，等发票来后再红字冲销。

仓库管理的发料工作主要是为生产提供原辅料和机物料。使用部门填写领料单后才能从仓库领取物料。仓管员根据领料单所填数量分发物料。物料的出库价格按照入库价格的移动加权平均计算得出。

仓管员要定期做好盘点工作。计算仓库内现有的物料种类与数量，掌握和明了库存的实际情况，作为采购或进货的参考。物料经盘点后，若发生实际库存数量与账面结存数量不符，除追查差异的原因外，还要编制盘点损益单，经审批后调整账面数字，使之与实际数字相符。

仓管员要做好物料出入库的日报和月结存表，以供相关部门使用。

第五节　商品出库

商品出库，也叫发货业务，是根据业务部门或存货单位开具的出库凭证，从对出库凭证审核开始，进行拣货、分货、发货检查、包装直到把商品点交给要货单位或发运部门的一系列过程。商品出库是对商品离开仓库时的各项工作的总称。这是仓库管理的最后一个环节。

1. 商品出库的要求

商品出库要求做到“三不、三核、五检查”。

“三不”：未接单据不翻账、未经审单不备库、未经复核不出库；

“三核”：核实凭证、核对账卡、核对实物；

“五检查”：对单据和实物要进行品名检查、规格检查、包装检查、件数检查、重量检查。

2. 商品出库的主要形式

提货制。一般运用于有自备车辆的单位，提货商品量较少，运输距离又较近的商品。

托运制。运用于距离远、数量大的商品。

送货制。适用于少量商品的发运。

3. 出库业务程序

出库前的准备工作：预先做好物品；做好出库物品的包装和标志标记。

出库程序：核单备货——复核——包装——点交——登账——清理等过程。

4. 出库中发生问题的处理

（1）出库凭证（提货单）上的问题

凡出库凭证超过提货期限，用户前来提货，必须先办理手续，按规定缴足逾期仓储保管费，然后方可发货。

凡发现出库凭证有疑点，以及出库凭证发现有假冒、复制、涂改等情况时，应及时与仓库保卫部门以及出具出库单的单位或部门联系，妥善处理。

商品进库未验收，或者期货未进库的出库凭证，一般暂缓发货，并通知货主，待货到并验收后再发货，提货期顺延。

如客户将出库凭证遗失，客户应及时与仓库发货员和账务人员联系挂失。

（2）提货数与实存数不符

当遇到提货数量大于实际商品库存数量时，需要和仓库主管部门以及货主单位及时取得联系后再做处理。

（3）串发货和错发货

如果物品尚未离库，应立即组织人力，重新发货。如果物品已经离开仓库，会同货主单位和运输单位共同协商解决。

（4）包装破漏

发货时都应经过整理或更换包装，方可出库，否则造成的损失应由仓储部门承担。

（5）漏记和错记账

应根据原出库凭证查明原因调整保管账，使之与实际库存保持一致。

第六节　商品的盘点

商品盘点是对商品实物数量和金额的清点和核对。商品盘点是加强商品管理、考核商品资金运转情况的重要环节，通过盘点可以掌握商店各类商品的实在数量，了解库存结构是否合理，从而为商品销售、进一步组织商品打下基础。这是一项责任心很强的工作，必须认真、细致、负责，要有时间要求和质量要求。基本要求是：清、准、明、快。

1. 盘点前准备工作

为使盘点工作能顺利进行，必须事先做好准备工作。整理好所有的单据、凭证、票证，并与会计核对好账目。对商品进行分类、归档，对橱窗、架顶等陈列商品要事先收集归类，以便一起盘点，如确因工作量太大，也可将陈列商品单独列表盘点，最后合并计算。暂停仓库提货。准备好盘点所用的度量衡器。抄写好盘点表，盘点表除数量、金额栏外，其他货号、品名、规格、单位、单价等栏目可事先填写好。

整理盘点区域时，要注意以下几个区域：

仓库：将商品按一定次序整箱分类堆放，空箱、赠品、非盘点计数的商品统一区域摆放。

排面：单品清晰，无散货，价格标签对应好商品在货架上的位置。

端架：无其他商品堆垫。

促销区：无其他商品/空箱堆垫。

天花板：无吊起商品。

总之，盘点前的准备工作要求做到票证数清、现金点清、往来手续结清；账账（会计账与柜组账）相符、账单（账簿与有关单据）相符；全部商品归类存放。

2. 盘点内容及分类

（1）盘点内容

①查数量

通过点数、计数查明商品在库的实际数量，核对库存账面资料与实际库存数量是否一致。

②查质量

检查在库商品质量有无变化，有无超过有效期和保质期的商品，有无长期积压等现象。

③查保管条件

检查保管条件是否与各种商品的保管要求相符合。如堆码是否合理稳固，库内温度是否符合要求，各类计量器具是否准备。

（2）盘点分类

商品盘点分类可以从时间和工作需要两方面加以划分。

①从时间上划分，可分为定期盘点和临时盘点

定期盘点是在月终、季末、年底这些固定日期盘点；临时盘点是在商品变价、工作交接、人员调动时盘点。

②从工作需要上划分，可分为全面盘点和部分盘点

全盘点是对柜组全部商品逐一盘点，部分盘点是对有关商品的库存进行盘点。一般来说，对于价格高、体积大、品种单一的商品，如金银财宝首饰、电视机、电冰箱、自行车等商品应该每天盘点。对于价格低、体积小、交易频繁、品种众多的商品，则应该每月盘点。

3. 盘点步骤

（1）确定盘点时间和盘点区间

在尽可能投入较少资源的同时，根据商品的不同特性、价值大小、流动速度、重要程度来分别确定不同的盘点时间。盘点时间间隔可以从每天、每周、每月、每年盘点依次不等。

另外必须注意的问题是，每次盘点持续的时间应尽可能短。盘点的日期一般会选择在财务决算前夕，通过盘点决算损益，以查清财务状况；或者在淡季进行，因淡季储货较少，业务不太频繁，盘点较为容易，投入资源较少，且人力调动也较为方便。盘点时间确定后，通知各部门。

盘点区间一般包括：货架、地上物、柜台区、冰柜等区域。在进行盘点前，店长必须带领考核人员了解卖场、后场、柜台等区域的商品陈列情况（尤其是有关报废品、退库品、退货品、换货品与未入账商品的存放状况），并告知考核人员放置于超市死角的商品，以避免商品漏盘。

（2）设计印制盘点表

根据此次盘点内容涉及盘点表格。如表 7－2 所示。

表7-2 卖场检查盘点项目

序号	检查项目	检查结果						
		1	2	3	4	5	6	7
1	收货单、退货单、调拨单							
2	样品、商品的区别是否明确							
3	货架上商品有无整理整齐							
4	借出去的商品是否已退还							
5	是否所有商品贴上价格标签							
6	有无不明商品							
7	有没有处理退货的商品							
8	收银中心有无商品存放							
9	货架下面、盒子下面有无商品							
10	是否按部门类别分类							
11	有无整理端架商品							
12	摆在高处的商品是否已卸下							
13	有没有做价格标价签和对应商品的整理							
14	商品是否整理为易盘点的状态							
15	移动后的商品上是否贴有样品标签							
16	有无特殊位置的商品没有清理							
17	散货是否收完							
18	堆头下面有无检查确认没有商品藏匿							
19	有没有不需盘点的商品，要做出标记							
20	有没有给容易漏盘的商品做记号，并进行盘点							

注：此表于盘点前一周开始使用，每天检查，并报告店长结果，店长于盘点前一天检查。

（3）整理商品

盘点前对已验收入库的商品进行整理归入储位，对未验收入库属于供应商的商品，应区分清楚，避免混淆。

预先鉴别变质、损坏商品。对储存场所所堆码的货物进行整理，特别是对散乱货物进行收集与整理，以方便盘点时计数。在此基础上，由营业员进行预盘，以提前发现问题并加以预防。

（4）正式盘点

盘点工作不仅工作量大，而且非常烦琐，因此，除了加强盘点前的培训工作外，盘点作业时的指导与监督非常重要。就店铺经营者而言，实地盘点是库存作业中很重要的一环。实地盘点是以单品别、部内别、货架别来调查，清算实际库存。

（5）盘点结束

每一区域（通道、地上物、货架、货架上层、退货区等）盘点完毕后，考核人员要将计算机打印的盘点结果公布出来。若发觉盘点金额不符合则先行做记录，待盘点告一段落后，会同考核人员共同核对更正。

（6）查清原因及时确定

这一步骤是盘点程序的最后一个环节，盘点会将一段时间以来积累的作业误差，及其他原因引起的账物不符暴露出来，发现账物不符，而且差异超过允许误差时，应立即追查产生差异的原因。这一环节主要是归纳通过盘点查出的一些问题，为解决问题提供相应资料。

第七节　服装类商品的仓库管理要点

以上几节介绍了仓库管理的基本原则。作为服装行业的零售商，其商品种类是比较有限的，也是比较一致的。下面我们具体介绍一下服装类商品的仓库保管要点。

1. 服装类防霉保管

易受霉腐微生物侵害的商品主要有：

含纤维素较多的商品：棉与棉加工品、麻与麻加工品、黏胶纤维、木竹和藤及其制品、纸与纸制品、部分橡胶、塑料和化纤制品等。

含蛋白质较多的商品：主要有丝制品、毛制品、皮革制品和各种鱼类、肉类、蛋类和乳制品等。

含糖较多的商品：干鲜果品和各种食糖、糖果、蜜饯、果酱、果汁、蜂蜜等糖制食品。

以酒精为主要成分的商品：酒类商品受微生物侵染，从而引起酒精发酵。主要是低浓度的酒，如啤酒、葡萄酒、果酒和黄酒，等等。危害酒类的霉腐微生物有细菌、酵母和部分霉菌。

含水量高的商品：该类商品主要为水果、蔬菜等食品。危害水果、蔬菜的微生物，主要是根霉属、地霉属、短梗孢属和单端孢霉属的真菌以及假单孢菌属的细菌等。

从上面我们可以看到，服装和食品类都要注意防止霉腐微生物侵害。

(1) 商品的防霉保管

首先要加强库存商品管理，保持良好的环境卫生；做好商品验收、检查工作；选择合适的库房；确保储存商品的安全水分；严格控制仓库温度、湿度。

下面是一些预防霉菌的方法：

①气调防霉腐

二氧化碳气体防霉：在商品密封条件下，把空气抽出，充进去过量的二氧化碳气体，造成微生物不能生存的环境。空气中二氧化碳达20%时，霉菌死亡率为50%～70%；二氧化碳达50%时，霉菌全部死亡。

真空充氮防霉：将商品密封包装（塑料袋）中的空气抽出，达到一定的真空，再充进氮气，使好氧性微生物在缺氧条件下无法生活，从而使商品避免了霉变的发生。

②药物防霉腐

药物防霉腐是指利用化学药物使霉腐微生物的细胞和新陈代谢活动受到破坏或抑制，进而达到杀菌或抑菌，防止商品霉腐的目的。

③低温冷藏防霉腐

低温冷藏防霉腐是通过控制和调节仓库内及商品本身的温度，来抑制微生物的代谢和生长繁殖，抑制酶的活性，达到防霉腐的目的。

低温冷藏防霉腐所需的温度和时间，应按具体商品而定。

（2）霉腐商品的救治

①晾晒降水：利用日光的热能和干燥空气的流动，将商品中过量的水分蒸发散湿。有曝晒和摊晾两种方式。曝晒适用于在阳光直射下不影响其质量的商品的降水。

②烘烤降水：在缺乏通风和晾晒条件或晾晒会影响质量或晾晒不能除灭内部微生物时，可采用烘烤降水来散湿或抑菌。如卷烟、茶叶、某些干果（如桂圆、荔枝）、纺织品等。

③物理机械除霉：日用工业品长霉后，经晾晒或烘烤，可选距离仓库较远处，刷去商品表面的霉体；对于不能进行干燥刷霉的商品，如酱脯、腌菜等，可以采取清水淘洗除霉的方法。

④加热灭菌：加热可以抑制微生物的生理活动，以致使其死亡。可分为：干热灭菌、湿热灭菌。药剂熏蒸灭菌：在密封的条件下，一般利用易挥发并能产生毒杀气体的药剂来杀灭微生物，目前常用的熏蒸剂主要是溴甲烷、环氧乙烷等。

⑤紫外线灭菌：紫外线具有很强的杀菌作用，特别是波长2600Å左右紫外线，杀菌效率最高。

2. 服装类商品防鼠蚁保管

（1）易受虫鼠蚁侵害的商品

常见易虫蛀商品：丝毛织品与毛、皮制品；竹藤制品；纸张及纸制品。

常见易受白蚁侵蚀商品：白蚁主要靠侵蚀木竹材、分解纤维素作为营养来源，也能侵蚀棉、麻、丝、毛及其织品、皮革及其制品，以及塑料、橡胶、化纤等高聚物商品。

常见易鼠咬商品：鼠类喜吃面粉、大米等粮食以及糕点、饼干等食品，也食鱼肉等。由于鼠类的门牙是终生都在生长，平时总要啃咬物品，即使不是其食物，如各种包装材料、建筑物等也被其啃咬。

由上我们可以知道，任何仓库管理都要防虫鼠蚁，食品、服装、家具等仓库尤其要注意。

（2）害虫、鼠蚁特点

常见的仓库害虫：黑皮蠹；竹长蠹；烟草甲；锯谷盗；袋衣蛾；幕衣蛾；药材甲；毛衣鱼；裸体蛾甲、白斑蛾；星天牛、褐幽天牛；各种豆象以及玉米象等。

仓库害虫的特性：适应性强；食性广杂；繁殖力强；活动隐蔽。

害鼠类的繁殖能力很强。害鼠胆小多疑，行动机敏，视觉较差，主要靠听觉、味觉、嗅觉等进行活动。

据现代形态科学分类，蚁可分两大种群：蚂蚁类和白蚁类。蚂蚁一生分为卵、幼虫、蛹、成虫四个时期，属完全变态昆虫。蚂蚁一般在墙壁缝隙、瓷砖缝、地板下、家具缝隙中筑巢。

仓库害虫通过摄取食物来增加体内的营养成分，保证正常的生理活动。因此，食物是仓库害虫获取生存能量的重要来源。食物可以直接或间接影响仓库害虫的生长发育速度、繁殖能力、活动能力以及死亡速度。所以，食品仓库一定要注意虫鼠蚁的防治工作。

（3）虫害的防治技术

虫害的预防措施要做好以下三点工作：

第一，仓储的建筑与使用合理。

第二，入库商品的虫害检查和处理。

第三，仓库的环境卫生及备品用具的消毒卫生。

下面是具体的防治技术：

①物理机械防治技术

机械防治主要方法有：风车除虫、筛子除虫、竹筒诱杀、离心撞击机治虫以及抗虫粮袋等。物理防治技术如利用高低温杀虫，利用电离辐射杀虫，利用压盖密闭方法杀虫，利用改变空气成分即气调方法杀虫，利用真空或高压杀虫，利用光能、声音杀虫等。

②化学防治技术

化学防治是利用化学杀虫药剂防治仓库害虫。杀虫剂的种类繁多，按其使用的剂型可分为固体、液体、气体杀虫剂；按其进入虫体的途径可分为胃毒剂、触杀剂、熏蒸剂；按其化学成分和来源可分为无机杀虫剂、有机杀虫剂、微生物杀虫剂等。

③生物防治技术

利用害虫的生物学特性，以防止或控制仓库害虫的发生发展的技术称为生物防治。生物防治的优点是：能够有效地控制仓库害虫；对人畜安全；减少对仓储商品和环境的污染；降低储藏费用。但也有一定的局限性。

④其他防治技术

检疫防治是根据国家颁布的国内、国外植物检疫法令和条例，对国家输出、输入及省际间调拨的粮食及附属物等进行严格的检查和检验，防止危险性害虫传播蔓延和就地消灭的一种防治方法。

(4) 鼠害及蚁害的防治技术

①防鼠与灭鼠

一般是根据防治对象及其生态环境的特点，因地制宜地运用综合措施灭鼠，才能标本兼治，把害鼠常年控制在最低密度和最低危害损失水平之下。

灭鼠的方法：防鼠驱鼠；生态学方法灭鼠；生物学方法灭鼠；物理学方法灭鼠；化学方法灭鼠。

②防蚁与灭蚁

仓库管理人员应加强白蚁危害的认识，经常检查库房；入库物资要在入库前进行检查；库内枕木、垫木等要经预防或采用抗蚁蛀材质，木制货架应尽量用铁架代替，对库内物资应经常翻动整理；搞好新建仓库的白蚁预防工作至关重要；搞好综合环境治理。

灭治基本方法：生态防治法；生物防治法；物理机械防治法；化学防治法。

台湾乳白蚁的灭治方法：喷粉法；诱杀法。

散白蚁的综合防治方法：诱杀法；诱集法；喷雾法；灌注法；环境治理法。

小贴士：库房防霉

梅雨季节或是阴雨连绵天气，普通库房一定要注意防霉。管理人员可以通过控制库房的相对湿度来防霉。如果把库房内的相对湿度控制在75%以下，多数商品在这种条件下就可以安全储存了。

鸣谢单位

序号	单位名称	领导
1	七波辉（中国）有限公司	陈金龙常务副总经理
2	三舒集团	陈舒勇总裁
3	富贵鸟集团	万金权总经理
4	上海安杰智扬策划与投资管理机构	安杰总裁
5	淘服科技有限公司	茜梁董事长
6	福建豪迈电子商务有限公司	陈纪生总经理
7	厦门宝财通投资管理有限公司	杨剑董事长
8	木林森集团	林天津副总经理
9	福建格林集团	赵建河董事长
10	江西玉生铭贸易有限公司	陈纪生总经理
11	甘肃福兴商贸有限公司	陈天兴总经理
12	四川嘉申商贸有限公司	杨兴贵总经理
13	云南小宝商贸有限公司	谢宝春总经理
14	内蒙古健煜体育用品有限公司	邢建龙总经理
15	湖南健丽鞋服商行	陈幼青总经理
16	贵州鹿漫兮商贸有限公司	季纯洁总经理
17	广州方特有限公司	陈建新总经理
18	湖北宝乐祥儿童用品有限公司	陈武强总经理
19	广西创亚商贸有限公司	陈继胜总经理
20	云南帅辉商贸有限公司	帅伟总经理
21	福建知行合壹新媒体创意机构	林志攀总经理
22	厦门橙派科技日韩跨境电商平台	朱春泊总经理
23	福建誉霖品牌规划机构	灿雄总经理
24	河南荣腾商贸有限公司	陈振龙总经理
25	福建美人季服饰有限公司	侯松山总经理
26	福建京山金属展示道具有限公司	陶坤林总经理

主编： 张春容　宋贵英

编委： 高宏丰　张和燕　翟俊德　邱兴联　吴国军　王海滨　齐铁胥
陈孟黎　谢再锋　陈铭仪　张英伦　卢晓庭　范益民　林秉坤
林惠敏　曾冬华　王明聪　徐隆钦　戴雪玉　吴丹丹　骆伟腾
王竹根　范桂云　邱进兴　叶小红　姚海峰　车婷婷